ix. 4/15. 5/15

D0821409

Catalina II

Catalina II
La gran leyenda de Rusia

Anastassia Espinel Souares

100
personajes • autores

PANAMERICANA
EDITORIAL

Espinel Souares, Anastassia
    Catalina II / Anastassia Espinel Souares. — Bogotá :
Panamericana Editorial, 2005.
    136 p. ; 21 cm. — (Personajes)
    ISNB 958-30-1648-9
    1. Catalina II, 1729-1796 I. Tít. II. Serie.
923.147 cd 20 ed.
AJA7506

    CEP-Banco de la República-Biblioteca Luis Ángel Arango

Editor
Panamericana Editorial Ltda.

Dirección editorial
Conrado Zuluaga

Edición
Javier R. Mahecha López

Diseño, diagramación e investigación gráfica
Editorial El Malpensante

Cubierta: Emperatriz Catalina II de Rusia, circa 1780
Grabado de R. Woodman • Getty Images

Primera edición, abril de 2005
© Panamericana Editorial Ltda.
    Texto: Anastassia Espinel Souares
Calle 12 N° 34-20, Tels.: 3603077–2770100
Fax: (57 1) 2373805

Correo electrónico: panaedit@panamericanaeditorial.com
www.panamericanaeditorial.com
Bogotá D. C., Colombia

ISBN 958-30-1648-9

Impreso por Panamericana Formas e Impresos S. A.
Calle 65 N° 95-28, Tels.: 4302110–4300355, Fax: (57 1) 2763008
Quien sólo actúa como impresor.
Impreso en Colombia
Printed in Colombia

"Yo era atractiva. Consideraba eso como la posada a mitad del camino de la tentación, y, en tales casos, la naturaleza se encarga de lo demás. Tentar y ser tentado son casi una misma cosa".

Catalina II la Grande

La soñadora de Anhalt-Zerbst

Grandes copos de nieve caen tras la pequeña ventana enreja-
da, parecida más bien a una aspillera. Las leñas arden chis-
porroteando en la chimenea y las llamas del fuego arrojan
unas sombras fantasmagóricas sobre las desconchadas paredes del pequeño y polvoriento recinto situado en la parte más
alta del torreón del viejo castillo familiar de los duques de
Anhalt-Zerbst en la pequeña ciudad de Stettin en Pomerania.

Una muchacha, poco más que una niña, permanece in-
móvil sobre un tosco taburete de madera, con un grueso libro sobre sus rodillas. El libro es viejo, de pasta gastada y de
páginas amarillentas, pero parece ser sumamente interesante,
pues la muchacha se ve realmente atrapada por la lectura. Sus
ojos azul claro, grandes y muy abiertos, ya se encienden de
emoción, ya se nublan de tristeza; su fina carita se ruboriza y
sus dedos tiran nerviosamente de los rebeldes mechones de su
cabello negro. Tiene un vestido de lana gris con parches en
los codos, unos gruesos calcetines de hilo y unos toscos zue-
cos. Semejante atuendo la hace parecer más bien una de las
sirvientas del duque Christian Augusto y de su esposa Iohanna
y no la hija primogénita de ambos, pero realmente lo es. Su
nombre completo es Sofía Augusta Federica, aunque todo el
mundo, desde sus severos padres hasta los hijos de los pesca-
dores y artesanos con los que ella pasa la mayor parte de su

tiempo libre jugando en las estrechas calles de Stettin, la llaman simplemente *Fiké*.

El libro que lee tan apasionadamente contiene fascinantes historias sobre Semíramis, Cleopatra, Teodora y otras grandes mujeres del pasado, aquellas mujeres insignes que regían destinos de reinos e imperios enteros, levantaban grandiosos monumentos, comandaban ejércitos y armadas, vivían en palacios con paredes de mármol y pisos de mosaicos, se entregaban a los más inimaginables placeres y lujos, amaban apasionadamente y, a la vez, eran amadas por hombres ilustres... ¡Qué vida tan maravillosa y formidable!

Con un profundo suspiro, Fiké se levanta y se acerca a la ventana. La nieve sigue cayendo; las estrechas y serpenteadas calles de Stettin se ven vacías y poco acogedoras, incluso ahora, en vísperas del Año Nuevo. En el pequeño puerto, apestado de arenque y bacalao, se balancean sobre las olas numerosos botes pesqueros de aspecto lamentable, y los nubarrones plomizos cubren el cielo sobre la bahía prometiendo nuevas tormentas de nieve. ¡Qué contraste tan lamentable con aquel maravilloso mundo que Fiké acaba de descubrir en las páginas del viejo libro! ¡Qué lástima que todas aquellas reinas y emperatrices vivieran en épocas tan remotas! Por otra parte, en Rusia, un país lejano y misterioso, hasta ahora está reinando una mujer, la zarina Isabel, hija del célebre Pedro i el Grande, cuya corte, según cuentan los viajeros que han tenido la suerte de visitarla, deja estupefacto a cualquiera. La soberana rusa viste abrigos de brocado y pieles de marta cibelina, luce una corona adornada con los diamantes más grandes del mundo, calza zapatos con hebillas de oro y gratifica a sus favoritos con órdenes de rubíes y esmeraldas y con tabaqueras de oro.

Sería magnífico conocer algún día aquel maravilloso país, pero Fiké, a pesar de sus catorce años, sabe muy bien que a la maravillosa corte rusa y al semidestruido castillo en Stettin los separa una enorme distancia. El mapa de Germania, donde hay más príncipes, condes y duques que tierras y ciudades, se asemeja a una enorme cobija de parches, y el ducado de Anhalt-Zerbst es uno de los más pequeños e insignificantes. Por lo tanto, Fiké no debe soñar con un destino diferente al de su madre y al de la mayoría de las mujeres de su círculo. En un par de años, o tal vez antes, su familia le encontrará un esposo adecuado que poseerá numerosos títulos y un mísero parche de la cobija germana.

Aunque el Año Nuevo no tardará en llegar, Fiké no tiene ningún deseo de abandonar su refugio en la torre y unirse al resto de su familia en la planta baja del castillo. De vez en cuando hasta sus oídos llegan carcajadas ensordecedoras y el tintineo de jarrones. El duque Christian Augusto pasará toda la noche bebiendo con los oficiales de su guarnición y riéndose de sus bromas obscenas de cuartel mientras la duquesa Iohanna, sentada en su mecedora con la expresión de la inocencia ultrajada, maldecirá para sus adentros a su estúpido marido, a los rudos soldados que lo rodean y, de una vez, a su propia vida frustrada. Semejantes escenas se repiten en el castillo año tras año mientras Fiké, con los brazos cruzados en el pecho, no deja de suplicar a Dios que le regale por lo menos un solo Año Nuevo diferente de los anteriores...

La pesada puerta de roble se abre con un fuerte chirrido. Pensando que se trata de un invitado más, Fiké no presta atención a aquel sonido y de nuevo se inclina sobre el libro, pero el grito ensordecedor de su madre la arranca bruscamente de aquel mundo de los sueños:

—¡Fiké! ¿Dónde estás? ¡Baja inmediatamente o te arrastraré yo misma!

Fiké obedece de mala gana, baja por la vieja y ruidosa escalera. La duquesa Iohanna, morena y huesuda, se levanta al encuentro de su hija y la examina quisquillosamente:

—¿Qué aspecto tienes, Fiké? ¿Cuándo, por fin, aprenderás a comportarte como una señorita? ¿Otra vez estabas leyendo esos estúpidos libros? A partir de hoy no volverás a leer en las noches para que no amanezcas con los ojos hinchados.

—Es tan divertido... —objeta Fiké, pero su madre le propina una fuerte bofetada.

El frágil cuerpo de Fiké se estremece de dolor, mas la muchacha no llora. Sabe perfectamente que las lágrimas enfurecen a la histérica Iohanna aún más. Por ahora aguanta con estoicismo los golpes e insultos de su madre, por quien no siente nada parecido al amor o al cariño. Tarde o temprano, Fiké le pagará con la misma moneda...

El duque Christian Augusto, obeso y flemático, sigue bebiendo con sus subalternos. A diferencia de su esposa, nunca le pega a su hija, pero tampoco le presta atención alguna. Al fin y al cabo, una niña no es lo mismo que un hijo varón, así que no merece la pena intervenir en su educación.

Mientras tanto, Iohanna saca de los numerosos pliegues de su largo vestido una carta cuidadosamente doblada:

—Mira, Fiké, aquí está el mejor regalo para ti o, mejor dicho, para nosotras dos. Mi primo Federico, rey de Prusia, nos invita a las dos a pasar una temporada en su palacio en Berlín y, además, adjunta una generosa suma de dinero para que compremos nuevos vestidos. Dice que tiene un asunto muy importante que discutir con nosotras; es algo que puede cambiar por completo toda nuestra vida...

Pero Fiké ya no escucha nada de lo que le dice su madre. Al parecer, Dios realmente ha oído sus súplicas y le ha enviado por fin un Año Nuevo diferente a todos los anteriores. Inesperadamente, la muchacha se arroja a los brazos de su madre y llora de emoción.

Al día siguiente, madre e hija salen para Berlín, donde son recibidas por Federico II el Grande, el más poderoso entre todos los monarcas germanos, quien les informa sobre su ambicioso plan de ganarse la confianza de Isabel, la emperatriz de Rusia, casando al príncipe Pedro, sobrino y heredero de la soberana, con una princesa alemana.

—¡El futuro de Prusia está en Oriente! —proclama el rey Federico. Su nariz puntiaguda, su boca sarcástica y sus ojos redondos de un gris amarillento lo asemejan a un ave rapaz a punto de engullir a su presa.

—Hace quinientos años nuestros antepasados enviaban contra los eslavos las acorazadas huestes de caballeros teutones, pero los tiempos han cambiado y ahora su lugar lo ocuparán dos bellas damas. Si mi plan funciona, Rusia, con todas sus riquezas, caerá en nuestras manos como una fruta madura. Aunque el zar Pedro hizo todo lo que pudo para civilizar a su salvaje pueblo, en el fondo los rusos siguen siendo los mismos bárbaros asiáticos. Su zarina Isabel es nada más que una damisela frívola, ignorante y sentimental, que no entiende de asuntos estatales. Cuida de su sobrino Pedro, hijo de su difunta hermana. Ese muchacho fue criado en las mejores tradiciones alemanas y es un luterano convencido. Casi no se acuerda de que por sus venas corre una pizca de sangre rusa, y nuestro deber es hacerle olvidar ese triste hecho definitivamente. Si no me equivoco, hace cuatro años Fiké ya tuvo la oportunidad de conocerlo. ¿Te gustó aquel muchacho, sobrina?

—¡Oh, sí! —exclama Fiké, sin pensarlo dos veces.

En realidad, guarda unos recuerdos bastante confusos sobre su breve estancia en Eitin, la capital del principado de Lubech, donde ella, en aquel entonces una niña de escasos diez años, conoció a Pedro, el joven duque de Holstein-Gottorp y, además, su primo segundo. Aquel niño larguirucho, enfermizo y pendenciero, le causó una impresión nada agradable, pero la intuición le sugiere que si quiere complacer a su poderoso tío debe contestar lo contrario.

—Entonces, la tarea se simplifica —sonríe Federico—. Dime, sobrina, ¿te gustaría casarte con él?

—Si es la voluntad de su majestad no puedo oponerme a ella —contesta Fiké.

—Pero el asunto no es tan fácil —dice Federico—. La zarina Isabel no entiende nada de política pero su canciller

Alexei Bestúzhev es un hombre peligroso. Es un gran enemigo de Prusia y hace todo lo posible para atraer a su soberana a la alianza con Francia. Aquel zorro de Bestúzhev trata de convencer a la zarina de casar a Pedro con Ana María, la princesa de Polonia. Los polacos son aliados de los franceses, así que tenemos que impedir ese matrimonio, cueste lo que cueste. Precisamente por eso quiero ofrecerle al príncipe Pedro la mano de alguna princesa germana...

—¡Fiké es nada más que una niña! —exclama Iohanna asustada, pero el rey la interrumpe decididamente.

—He examinado a varias candidatas, mas ninguna me parece tan conveniente como tu hija. Es atractiva, bien educada, inteligente y, lo más importante, atrae a las personas a primera vista, sin esfuerzos ni artimañas. Conquistará el corazón del príncipe ruso y de su regia tía, así que Rusia será nuestra sin un solo disparo. No dudo de la lealtad de Fiké, pues la hija del viejo soldado Christian Augusto debe ser toda una alemana hasta la médula, igual que su padre y su tío Federico. Está decidido: ¡las dos viajarán a Moscú lo antes posible!

Iohanna besa la mano del rey con un grito de júbilo. Fiké tan sólo inclina la cabeza con un gesto dócil y obediente. El corazón de la muchacha tiembla saboreando de antemano un maravilloso viaje que la llevará a la esplendorosa corte de la zarina Isabel. Además, acaba de descubrir algo importante: ella, la pequeña duquesa de Anhalt-Zerbst, posee un maravilloso don de fascinar a las personas a primera vista.

En el futuro lo utilizará en más de una ocasión...

Los recuerdos de la zarina Isabel

Los peluqueros acaban de peinar a la zarina Isabel elevando en su cabeza todo un torreón de rizos dorados. La soberana se acerca al gran espejo adornado con numerosas viñetas de bronce y sonríe con satisfacción.

Tiene treinta y cuatro años, edad bastante avanzada para la época, cuando una muchacha soltera de veinte años es considerada solterona irremediable y una mujer de cuarenta, una anciana decrépita. Pero, ¿cómo hace la zarina para no envejecer y seguir siendo la mujer más bella de Europa? Alta, esbelta, de porte majestuoso, magnífica cabellera castaña dorada, luminosos ojos grises bajo cejas espesas y oscuras como la piel de marta cibelina, de cutis terso y traslúcido cual porcelana, Isabel no aparenta su edad. Además, posee una sonrisa tan dulce y una expresión tan apacible que resulta imposible imaginar que bajo aquella apariencia se esconden una firmeza de acero y un temperamento indomable heredado de su célebre padre, el gran Pedro I. Aquella aparente indolencia le ayudó a Isabel a sobrevivir en medio de las intrigas y conspiraciones que absorbieron al joven imperio ruso tras la muerte de su fundador y la convirtió a ella, una princesa olvidada y predestinada a vegetar al borde de la gran política, en la soberana del país más grande del mundo.

Isabel recuerda muy bien aquel nebuloso 10 de marzo de 1725 cuando toda Rusia se despedía del más grande de sus hijos. La soberana entrecierra los ojos y le parece ver con nitidez ocho caballos con plumajes negros en sus cabezas arrastrando por las silenciosas calles de San Petersburgo, la nueva capital fundada hace poco más de veinte años, un catafalco con un ataúd enorme, pues el difunto emperador medía más de dos metros. Numerosas banderas ondean sobre el féretro del gran reformador: el pabellón amarillo de la recién nacida armada rusa, la obra predilecta del emperador; la bandera imperial con la imagen de un águila bicéfala bordada con hilos de oro sobre el fondo de terciopelo negro; el estandarte personal del zar con un emblema muy significativo en forma de cincel transformando un bloque de mármol en una estatua, el símbolo de todas aquellas reformas que habían quedado sin terminar...

La triste procesión es encabezada por Catalina, la viuda de Pedro i. Con su rostro hinchado por las lágrimas, vestida con un cerrado traje negro, esa desconsolada mujer no se parece en absoluto a aquella joven simpática y alegre, nacida en el seno de una humilde familia letona, aquella vendedora ambulante que había acompañado al ejército ruso durante la guerra contra Suecia y se había convertido en la primera entre las favoritas de Pedro y luego, por un capricho de la fortuna, en su esposa y emperatriz. Catalina está acompañada por sus hijas: Ana, de diecisiete años, e Isabel, de quince, las únicas sobrevivientes entre los numerosos retoños de la pareja imperial. A las muchachas las sigue un hombre alto y corpulento, de unos cincuenta años. Es Alexánder Ménshikov, el segundo hombre del Estado. A pesar de su origen humilde, se convirtió en el mejor amigo y confidente del gran Pedro, en su mano derecha en todas sus obras y ahora, como dicen las malas lenguas, seguramente ocupará el lugar de su difunto amigo en su lecho conyugal y, tal vez, también en el trono.

El segundo hombre de Rusia lleva de la mano a un niño de nueve años, robusto y alto para su edad, cuyas facciones se asemejan sorprendentemente a las del emperador fallecido. Es el príncipe Pedro, el único varón sobreviviente de la línea de los Románov, nieto del difunto emperador e hijo del desdichado príncipe Alexei, fruto del primer matrimonio nefasto de Pedro con Yevdokía Lopujiná, hace años repudiada y recluida en un convento; el mismo Alexei que se atrevió a conspirar contra su padre y pagó el fatal error con su propia vida. El niño camina con solemnidad, apoyándose ceremoniosamente en el brazo de Ménshikov, su tutor. A pesar de su corta edad, el pequeño Pedro entiende muy bien que de ahora en adelante se convertirá en la esperanza principal de Rusia.

Pero pasarán tan sólo diez años para que todas las personas que han acompañado al primer emperador de la nueva Rusia en su último viaje sin retorno se unan a él en las tinieblas del más allá. Dentro de dos meses, Ana, su hija mayor, abandonará Rusia para contraer nupcias con el duque de Holstein-Gottorp y morir de parto poco después. La nueva emperatriz, Catalina I, sobrevivirá a su esposo tan sólo dos años, morirá de neumonía y legará la corona al joven príncipe Pedro y la regencia al omnipotente Ménshikov. Pero el nuevo emperador Pedro II no tardará en liberarse del abusivo regente, lo acusará de intento de usurpar el poder y, aliándose a la antigua familia aristocrática de los príncipes Dolgoruki, lo exiliará a Siberia donde el otrora poderoso Ménshikov morirá abandonado y olvidado por todos. El emperador, próximo a cumplir quince años, celebrará su triunfo y agradecerá a sus aliados comprometiéndose con la bella princesa Catalina Dolgoruki, pero contraerá viruela y morirá el 7 de enero de 1730, el día fijado para su boda.

El poder pasará a Ana, sobrina de Pedro I el Grande y viuda del duque de Curlandia; ella llevará a Rusia a todo un séquito de sus lacayos alemanes entre los cuales sobresaldrá su amante Johann Ernst Birón. Mientras la indolente emperatriz pasará todo su tiempo divirtiéndose en compañía de sus numerosos bufones, payasos y enanos, Birón se apoderará de todas las riendas del gobierno. Los Dolgoruki tratarán de recuperar su posición en la corte promulgando un falso testamento del difunto Pedro II según el cual el trono deberá pasar a su prometida, pero Birón intervendrá decididamente y exiliará a Siberia a todos los miembros de aquella ambiciosa familia. Encarcelará o desterrará a muchos otros aristócratas rusos que le parecerán peligrosos, repartirá los cargos más altos y lucrativos entre sus familiares y amigos, quienes acudirán a San Petersburgo y Moscú como las moscas a la miel, y sumirá a toda Rusia en el sofocante ambiente de provincia alemana. A todos los descontentos de aquel "régimen alemán" les esperan torturas, cadalsos y cárceles, por lo que pronto los rusos, desde aristócratas hasta siervos de gleba, no tardarán en sentir odio hacia el presuntuoso favorito y todo su "partido alemán". Gracias a Birón, los extranjeros se sentirán en Rusia como en su propia colonia y saquearán sus riquezas sin escrúpulos ni vergüenza.

La emperatriz Ana morirá en 1740 y dejará el trono a su sobrino nieto Iván, un bebé de tan sólo dos meses, pero no otorgará la regencia a la madre del niño, llamada Ana Leopóldovna, ni a su padre, príncipe de Brunswick, sino al omnipotente Birón. No obstante, otros dos poderosos alemanes, Minij y Manstein, no tardarán en desplazarlo y darán el poder a Ana Leopóldovna. La torpe e ignorante madre del pequeño zar Iván no será más que un títere en manos de sus astutos ministros alemanes, quienes seguirán gobernando o, mejor dicho, saqueando Rusia a su antojo.

Mientras tanto, la ira de los auténticos rusos ante la tiranía alemana alcanzará su apogeo. Más que nadie, se indignarán los soldados y oficiales de la Guardia Imperial, creada por Pedro I y ahora sustituida por regimientos alemanes. Todos los descontentos se reunirán alrededor de una nueva figura esencialmente rusa: Isabel, hija de Pedro I. La princesa se ha salvado de la muerte, el exilio o la reclusión en algún convento lejano únicamente gracias a su reputación de mujer frívola, superficial y carente de ambiciones. Pero no tardará en llegar el día que la hija del gran Pedro arroje esa máscara y muestre a toda Rusia su verdadero rostro.

Isabel vuelve a cerrar sus bellos ojos grises para retornar a la gélida noche del 25 de noviembre de 1741, que se ha quedado en la historia rusa como el fin del odioso "gobierno alemán". En esa inolvidable noche Isabel deja a un lado sus suntuosos vestidos de brocado y seda y los sustituye por el verde uniforme de oficial de la Guardia, protege su magnífico busto con una coraza y esconde el reluciente oro de sus cabellos bajo un sombrero de tres picos. Luego la hija de Pedro I cabalga a través de la oscuridad seguida por Alexei Razumóvski, su amante y esposo secreto; su médico personal Lestock, un francés que vive en Rusia desde hace años; el conde Saltykov y otros fieles partidarios.

Los conspiradores se dirigen al cuartel del regimiento Preobrazhenski, el más antiguo y eminente entre todos los destacamentos de la Guardia Imperial rusa y, además, el más temido por el "partido alemán" por su fidelidad a los ideales de Pedro I el Grande. A la entrada del cuartel un centinela trata de tocar la alarma, pero Lestock, el primer espadachín de San Petersburgo, lo detiene con un rápido movimiento de su puñal. El francés está a punto de degollar al guardia aturdido cuando Isabel desvía el golpe agarrándolo de la mano con fuerza y agilidad inesperada. En vez de clavarse en la garganta del soldado asustado, el mortífero acero desgarra el cuero de su tambor.

—Sin su instrumento es incapaz de levantar a nadie —contesta Isabel percibiendo la aturdida mirada de Lestock—. ¿Para qué asemejarnos a nuestros enemigos? El nuevo reinado no debe traer consigo más sangre ni terror.

Sin encontrar resistencia, los conspiradores entran en el cuartel y allí, Isabel se dirige a los soldados y oficiales de la Guardia:

—¿Acaso no saben quién era mi padre? Y ahora a mí, hija del gran Pedro, los alemanes quieren encerrarme en un convento. ¿Por qué ustedes, la flor del ejército ruso, permiten a aquellos impostores miserables mandar en nuestra tierra? ¿Quiénes son ustedes: águilas del gran Pedro o simples gallinas encerradas en este corral por sus amos alemanes?

Ya no existe aquella frívola e indolente princesa Isabel que hasta el momento ha vivido imperceptiblemente bajo la sombra de la emperatriz Ana y sus temibles consejeros alemanes; en su lugar aparece una mujer decidida y firme cuyo parecido con Pedro el Grande es asombroso. El traje masculino que lleva puesto aumenta aún más aquella similitud y a los veteranos de la Guardia que han combatido bajo el mando de Pedro en numerosas batallas contra suecos y turcos les parece que el mismo gran emperador los está mirando a través de los centelleantes ojos de su hija y hablando a través de sus labios.

—¡Aquí estamos, Isabel, nuestra señora y madre! —exclaman aquellos hombres rudos, aguerridos y, al igual que toda Rusia, cansados de la dictadura alemana—. ¡Basta una orden tuya para acabar con aquellos malvados! ¡Guíanos, madre Isabel, y te serviremos en cuerpo y alma como hemos servido a tu gran padre! ¡Rusia es para los rusos!

Con el grito "¡Rusia es para los rusos!" los patriotas alzan a Isabel y la llevan como una insignia sagrada a las puertas del palacio. En un abrir y cerrar de ojos, los centinelas alemanes son desarmados sin un solo disparo; la familia de Brunswick arrestada, e Isabel sentada en el trono de sus ancestros. En su primer decreto la nueva soberana anuncia que gobernará de acuerdo con el legado de su célebre padre, libera a todos los encarcelados por el "régimen alemán" y ratifica la abolición de la pena de muerte. No ejecutará ni someterá a torturas a ninguno de sus enemigos. Ana Leopóldovna y su esposo, confinados a Jolmogori, vivirán en aquella aldea cerca de Arjánguelsk en relativa libertad; en cambio, el derrocado zar Iván será encerrado en la sombría fortaleza de Schlusselberg ("fuerte clave") en una pequeña isla en el río Neva. Permanecerá allí, aislado del resto del mundo hasta el año 1764, y morirá a los veinticuatro años asesinado por sus carceleros después de un intento de fuga.

Rusia suspira con alivio: la nueva zarina es piadosa, sencilla y amada por su pueblo. Sin embargo, es preciso pensar en el futuro y asegurar la sucesión para evitar una nueva pugna dinástica. Isabel no tiene hijos propios por lo que decide convertir en su heredero a Pedro, su único sobrino, hijo de su difunta hermana Ana y del duque de Holstein-Gottorp. El muchacho es llevado a Rusia y presentado a su regia tía, quien no tarda en descubrir que no es digno de cumplir con su predestinación. Es un adolescente débil, enfermizo y, además, propenso al alcoholismo, pues en la corte de su padre en Holstein-Gottorp se considera normal ofrecer cerveza y vino a los niños a partir de los diez años.

Pero lo que aflige a Isabel, más que todo, es ese profundo desdén y desprecio que demuestra su heredero hacia Rusia y su pueblo. Es un alemán hasta la médula, que adora a Federico, rey de Prusia, como a un dios y no desea aprender la lengua ni las costumbres del país donde reinará tarde o temprano. Y ahora aquel viejo zorro de Federico trata de imponerle una novia alemana, una tal Sofía Augusta Federica de Anhalt-Zerbst. ¿Qué traerá a Rusia aquella boda?, ¿acaso un nuevo "régimen alemán"?

Isabel suspira descontenta, pero justo en aquel momento uno de sus sirvientes anuncia que la joven duquesa de Anhalt-Zerbst y su madre están esperando a la zarina en la sala de recepciones. La emperatriz no experimenta ningún deseo de acoger en su corte a aquellas enviadas de Federico, pero no quiere estropear las relaciones con Prusia y acepta tranquila las reglas del juego.

El nacimiento de Catalina

De entre las macizas puertas doradas surge la silueta de un lacayo. El brillo de galones de su librea roja y de las enormes hebillas plateadas de sus zapatos rivaliza con el resplandor del sol sobre el níveo mármol de las paredes.

—Su majestad imperial, la zarina Isabel espera a sus invitadas de honor —anuncia con solemnidad.

La duquesa Iohanna y su hija siguen a aquel hombre a través de una larga galería de habitaciones espaciosas, inundadas de luz y amobladas con un lujo increíble. Pisos de mármol y ónice, columnas de malaquita traída desde los montes Urales, muebles de cedro siberiano, cortinas de terciopelo, tapices bordados de seda, numerosos cuadros y estatuas, jardineras con plantas exóticas en flor a pesar de que en las calles de Moscú, la antigua capital rusa, hasta las piedras parecen temblar de frío...

La emperatriz aguarda de pie, junto a un enorme lienzo que representa a su célebre padre como Júpiter: con una túnica de color púrpura, con un relámpago en la mano y con un águila sentada a sus pies. Las dos alemanas se inclinan ante la soberana rusa. Fiké cree haber podido viajar a través del tiempo y encontrarse cara a cara con la misma Cleopatra, Semíramis o alguna otra heroína de su libro predilecto. Con su vestido de raso blanco, sobrevesta de armiño y ancho collar de perlas indias, Isabel se ve aún más alta y majestuosa. Se parece a una de esas hermosas estatuas de mármol que adornan su palacio, pero el brillo de sus ojos es cariñoso y alentador. Aquella luz suave y tranquilizadora parece envolver a Fiké como un hálito protector. La muchacha ya no se siente tímida ni cohibida y se anima a saludar a la emperatriz con una sonrisa igual de afectuosa.

A su vez, Isabel experimenta un agradable asombro. Su prevención frente a aquellas dos emisarias de Federico se desvanece ante la seductora sonrisa de Fiké. ¡Qué distinta es esta niña, tan llena de vida, y gracia algo salvaje, de otras princesas germanas con su amaneramiento y gravedad afectada! Es encantadora, pero ¿acaso será realmente el partido conveniente para el disoluto heredero del trono ruso? Isabel prefiere no apresurarse con conclusiones definitivas.

—¡Majestad! Estamos aquí para expresarle nuestro profundo agradecimiento —empieza a musitar Iohanna—. Su invitación es un enorme honor para nuestra familia y para todo el ducado de Anhalt-Zerbst. No tengo ningún otro mérito en esta vida salvo haber traído al mundo a esta bellísima criatura, mi hija Sofía Augusta Federica, a sus órdenes...

Fiké frunce el ceño. Le desagrada la hipocresía de su madre y, aún más, aquella humillante agitación con que Iohanna trata de besar el dobladillo del vestido de la zarina.

Isabel la levanta del piso y se dirige a ella en alemán:

—Nada de ceremonias, querida duquesa. Es posible que pronto seamos parientes así que entre nosotras no deben existir reticencias ni omisiones. Con esto, considero la parte oficial terminada y la invito a cenar en compañía de unos amigos cercanos, entre los cuales hay varios alemanes. Creo que le agradaría volver a oír su lengua materna en pleno corazón de Rusia.

Ya es de noche cuando la duquesa de Anhalt-Zerbst y su hija se acuestan a dormir en sus lujosos aposentos. Acurrucada sobre el suave cojín de plumas de eideres —aves que habitan en las rocosas islas del mar Blanco— Fiké se queda dormida casi al instante, pero su sueño es extraño e intranquilo. Vuelve a vivir su largo viaje. Berlín, Danzig, Konigsberg, Mémel, Riga —todas estas ciudades aparecen y desaparecen ante sus ojos como piezas de un gigantesco rompecabezas—; luego, San Petersburgo, aquella maravilla de granito y mármol surgida como por encanto en medio de nebulosos pantanos y marismas, las gélidas llanuras bajo el sombrío cielo gris, los intransitables bosques de pinos, abetos y abedules, los caudalosos ríos dormidos bajo una gruesa coraza de hielo, las aldeas hundidas en las nieves y sus habitantes, los hombres barbudos y las mujeres envueltas en gruesos pañuelos de vistosos colores, la extraña belleza de sus rostros y el misterioso brillo de sus ojos y, finalmente, Moscú con sus cúpulas doradas y sus almenadas murallas del Kremlin... Es una tierra extraña, temible en su inmensidad, pero increíblemente bella y generosa. ¿Qué aguardará allí a la pequeña soñadora alemana?

A la mañana siguiente, Fiké y su madre asisten a misa en la catedral de la Asunción en el Kremlin. La celebración no se parece en nada a las sencillas ceremonias presenciadas por

Fiké en la pequeña iglesia protestante en su natal Stettin. Un enorme iconostasio tras el majestuoso altar reluciente de oro y piedras preciosas, la temblorosa luz de numerosos cirios, las severas miradas de santos pintados de todos los colores imaginables e inimaginables sobre la lisa madera de iconos, las extrañas vestiduras negras de los clérigos, el fuerte olor a incienso, todo eso marea la cabeza y hace pensar que el poder de Dios es realmente infinito. Aunque Fiké no entiende ni una sola palabra en eslavo eclesiástico, el canto del coro parece penetrar hasta el mismo fondo de su alma. Como obedeciendo a una orden celestial, la muchacha se arrodilla y se persigna fervorosamente. Lo hace con tanta naturalidad que la zarina, famosa por su profunda religiosidad, le envía una sonrisa alentadora. Incluso el temible canciller Alexei Bestúzhev, un hombre alto, esbelto, a pesar de sus casi sesenta años y muy imponente en su impecable traje azul oscuro con la orden de la Estrella de Diamantes en el pecho, supera su aversión hacia las emisarias de su irreconciliable enemigo Federico de Prusia y susurra al oído de Isabel: "Esta niña es capaz de enternecer a cualquiera...".

Iohanna experimenta la misa con evidente horror, pues le parece igual de extraña y salvaje que los ritos paganos de alguna tribu africana. No le agrada la conducta de su hija, pero no se atreve a regañarla ante los ojos de la emperatriz. En cambio, al joven príncipe Pedro, un adolescente larguirucho y desgarbado, vestido con un jubón ajustado, unos pantalones demasiado cortos y unas altas botas prusianas, no le importa en absoluto la presencia de su regia tía ni la de las personas más importantes del Estado. Tratando de disipar su aburrimiento, el heredero del trono estornuda intencionalmente cuando los feligreses exclaman ¡aleluya!, hace muecas, parodia los gestos del sacerdote supremo y, finalmente, cuando todos se arrodillan, se pone a gatas y ladra como un perro. Para gran sorpresa de Fiké, la emperatriz no regaña a su heredero y ni siquiera presta atención a sus disparates.

—¿Por qué te comportas así, primo? —pregunta Fiké a Pedro a la salida de la catedral.

—Porque todo lo que hacen los rusos en sus templos es muy ridículo —contesta el príncipe mirándola con sus ojos cegatos, acuosos y casi blancos—. ¿Has visto a estos curas con sus barbas y mechas desgreñadas? Cuando sea zar los afeitaré a todos y los vestiré a la manera de nuestros pastores. ¡Todos los rusos serán idénticos a los alemanes!

—Sí, su aspecto es algo extraño —asiente Fiké con cautela—. Pero la misa me pareció maravillosa. Lo único que lamento es no poder entender ni una sola palabra...

—¿Cómo así? —la interrumpe Pedro—. ¿Acaso no eres luterana o ya se te ha olvidado que la Reforma es el derrocamiento de todas las tradiciones?

—Por supuesto, lo soy. Pero Martín Lutero tan sólo quería enseñar a la gente a creer de otra manera y nunca exhortaba a sus seguidores a burlarse de otras creencias. Cada hombre tiene derecho a elegir libremente su fe, pero no debe despreciar a los demás únicamente porque sus costumbres son diferentes.

Pedro guarda silencio, pues semejantes digresiones le parecen demasiado complicadas. Entonces ambos jóvenes se percatan de la presencia de la emperatriz, quien se había acercado cautelosamente y escuchaba su conversación con mucho interés.

—¿Así que el primer decreto del nuevo emperador anunciará la transformación de todas las catedrales del Kremlin en iglesias luteranas? —pregunta Isabel con evidente burla—. Eres demasiado joven, sobrino, y ni siquiera te das cuenta de lo que dices. En cambio tú, niña, has hablado con una madurez sorprendente para tu edad. Veo que te interesan nuestras costumbres y nuestra fe. ¿Te gustaría aprenderlas más a fondo?

Halagada por las palabras de la emperatriz, Fiké asiente silenciosamente.

—Si quieres, mañana mismo puedes empezar tus clases con el archimandrita Simón, el más instruido de todos nuestros teólogos —propone Isabel.

—Sería un gran placer, majestad, pero no sé ni una sola palabra en ruso.

—No te preocupes, el padre Simón se graduó en Halle y su alemán es impecable.

Al día siguiente, Fiké es presentada a su maestro de teología. El padre Simón, alto, moreno, barbudo, de nariz aguileña y relucientes ojos negros, no se parece en nada a los pastores de Stettin de voces apagadas y gestos estudiados. En vez de obligar a su nueva alumna a memorizar mecánicamente los dogmas de fe, empieza su primera lección con las fascinantes historias de los primeros cristianos rusos; sobre Cirilo de Tesalónica y su hermano Metodio, los santos apóstoles de los eslavos y sembradores de las primeras semillas cristianas en el suelo ruso; sobre la santa princesa Olga, su célebre viaje a Constantinopla y su bautizo a manos del emperador Constantino el Porfirogéneta; sobre el legendario Vladimir, el príncipe del Sol Naciente, quien arrancó a Rusia de las tinieblas del paganismo al bautizar a su pueblo en las aguas del Dniéper; sobre su hijo Yaroslav el Sabio, constructor de la grandiosa basílica de Santa Sofía en Kiev... Fiké descubre un mundo desconocido y misterioso, donde la antigua Rusia aparece en toda su grandeza y esplendor y no como aquella "guarida de osos" de los relatos de uno que otro viajero occidental. Las enseñanzas del padre Simón encienden en el alma de Fiké un ardiente deseo de familiarizarse con la milenaria cultura rusa, inseparable de la religión ortodoxa. La muchacha pasa largas horas aprendiendo el eslavo eclesiástico y la escritura cirílica y luego, cuando sus conocimientos le permiten estudiar las escrituras sagradas, descubre que las ideas expuestas en los doce artículos del símbolo de la fe ortodoxa no se diferencian mucho de la doctrina de Martín Lutero.

—Es cierto, hija mía, todos los grandes hombres pensaban de la misma manera —dice el padre Simón cuando Fiké le revela su descubrimiento—. Ustedes, los protestantes, no son diferentes a nosotros, los ortodoxos, ni tampoco a los católicos romanos, pues, al fin y al cabo, todos somos simplemente cristianos. Y los cristianos, a su vez, no diferimos mucho de los judíos y mahometanos porque tenemos los mandamientos casi iguales y nuestro Padre celestial es el mismo Alá o Jehová. No sólo cristianos viven en Rusia; si alguna vez visitas Kazán, Astrakán o alguna otra ciudad a orillas del Volga, te darás cuenta de que cada una de ellas es una auténtica Babel donde nuestros templos ortodoxos se codean con mezquitas y sinagogas. Cada pueblo en nuestro imperio profesa su propia religión, pero todos somos fieles a la zarina Isabel.

Aquellas palabras impulsan a Fiké a dedicarse a sus estudios con un empeño aún mayor. A Iohanna no le importa en absoluto cómo pasa el tiempo su hija, pues ahora casi no se ven. Mientras la hija estudia, la madre se arroja de cabeza a aquel torbellino de bailes, cenas de gala, estrenos teatrales, paseos en trineo y otras diversiones que ofrece en invierno la antigua capital rusa. Se apropia descaradamente de gran parte de los vestidos y joyas obsequiadas a Fiké por la generosa emperatriz y con frecuencia no duerme en su alcoba. A Fiké no le importan en absoluto las andanzas de su madre ni tampoco la indiferencia del príncipe Pedro, quien pasa todo su tiempo en sus perreras, caballerizas o martirizando a sus guardias holstinios con interminables ejercicios de marcha. Isabel es la única que muestra interés hacia los pasatiempos de Fiké y se alegra francamente de sus éxitos.

—Por supuesto, la cultura rusa es inseparable de nuestra santa madre iglesia ortodoxa —comenta la zarina tras haber presenciado una de las clases—. Pero para comprenderla mejor debes dominar todos los pormenores del idioma: la gramática, el léxico, los hábitos de discurso. Creo que ya puedes empezar tus clases con Adadúrov; él te enseñará nuestra lengua mejor que nadie.

Realmente, el lingüista, escritor y traductor Vasili Adadúrov es uno de los hombres más instruidos de la corte. Bajo su
sabia dirección Fiké mejora considerablemente su ortografía
y su pronunciación. La impaciente joven arde en deseos de
empezar a hablar lo antes posible como una auténtica rusa y
estudia incluso en las noches. Se levanta en la oscuridad, des-
calza, con los cabellos sueltos, cubierta únicamente con su
ligero camisón de encajes y camina con paso mesurado por la
alcoba repitiendo palabras rusas cual oraciones o conjuros.
Una de aquellas noches en blanco resulta fatal. Fiké contrae
un fuerte resfrío que se transforma en una grave pulmonía.
La pobre joven arde en fiebre, se agita en delirio, no reconoce
a nadie y tan sólo exclama sin parar extrañas palabras rusas.
Su vida corre peligro, la esperanza de salvarla es casi nula y la
afligida emperatriz, quien pasa día y noche velando a la enferma, decide comulgarla.

—Fiké... —susurra Isabel rozando con ternura los enma-
rañados cabellos de la muchacha—. Si quieres, llamaré a algún pastor luterano para... para que hables con él.

Fiké casi no puede hablar, pero se esfuerza por pronun-
ciar en ruso:

—No quiero a ningún pastor luterano sino a mi maestro
Simón...

—¡Querida! —exclama la zarina enternecida. Luego, llama a Lestock y le ordena: —¡Haz lo imposible, pero salva a
esta niña!

—Lo único que puede salvarla es una buena sangría —responde el médico—. Pero la paciente es de complexión frágil y

no creo que sobreviva a semejante procedimiento. Además, no puedo hacerlo sin autorización de su madre.

—Yo responderé por las consecuencias, pues su madre no se comporta como tal.

La zarina tiene toda la razón. Sumergida en sus intrigas y diversiones, Iohanna casi no aparece junto al lecho de su hija, y a veces a Isabel le choca su frialdad y falta de tacto.

Lestock somete a la enferma a una sangría masiva y, para gran alegría de todos, Fiké comienza a reponerse. Isabel y Naryshkina no se apartan de su lecho mientras el archimandrita Simón reza a todos los santos por la recuperación de su joven alumna. En abril, cuando el álgido invierno ruso cede poco a poco ante el vivificante sol de primavera y los arroyos de agua deshelada corren por las calles de Moscú, Fiké se siente lo suficientemente restablecida para reanudar sus estudios, pero el destino no tarda en causarle un nuevo golpe.

El omnipresente canciller Bestúzhev logra desenmascarar las intrigas de la duquesa Iohanna y la acusa de espionaje. El veredicto de la emperatriz es categórico. La duquesa de Anhalt-Zerbst debe abandonar inmediatamente Moscú y jamás volverá a pisar el suelo ruso mientras su joven hija debe hacer una elección sumamente difícil.

—Sé que no estás involucrada en los sucios juegos de tu madre y tu tío Federico y en el fondo no quiero que me abandones, pues no me imagino un mejor partido para mi sobrino —dice la zarina a la afligida joven—. Piensa, Fiké, qué es lo que quieres: ¿regresar a tu casa o quedarte aquí para siempre? Si decides vivir en Rusia no volverás a ver a tu madre ni mantendrás con ella ninguna correspondencia. ¿Cuál será tu respuesta, Fiké?

La muchacha mira primero a su llorosa y desgreñada madre y luego a la emperatriz, tan majestuosa y bella, incluso en su cólera.

—Me quedaré aquí para siempre —responde finalmente. Ni siquiera digna a su madre con un último adiós. Así es la venganza de Fiké por todos los golpes, insultos e indiferencia que ha recibido de su progenitora durante años.

Después de la partida de Iohanna la vida de Fiké en la corte rusa no sufre grandes cambios salvo que la emperatriz la trata incluso con mayor cariño para intentar sustituir la ausencia de su madre. Pero Fiké casi no la extraña y, comprendiendo muy bien que ya no tiene ningún camino para la retirada, dedica todo el tiempo a sus estudios. A finales de la primavera, el padre Simón informa a la emperatriz que su alumna está completamente preparada para abrazar la nueva fe.

—Me alegra mucho tu decisión, pero Moscú no es toda Rusia —dice Isabel—. Debes conocer el país más a fondo. ¿Te gustaría acompañarme a la peregrinación al monasterio de la Trinidad de San Sergio?

A Isabel le encantan aquellos peregrinajes durante los cuales, la soberana de un inmenso imperio recorre sus polvorientos caminos vestida de negro como una simple campesina, con pies descalzos, la cabeza envuelta hasta los ojos en un tupido pañuelo de colores y un bastón en la mano; asiste a las misas en las pequeñas iglesias rurales; descansa tendida sobre la hierba al reborde del camino; come el tosco pan de centeno y bebe *kvas* (bedida fermentada a base de levadura, endulzada con miel o uvas pasas) en compañía de campesinos barbudos y bronceados por el sol que le hablan con evidente gusto de sus penas y esperanzas. La zarina suele hacer esos viajes en soledad, seguida únicamente por unos pocos guardias de su escolta personal, pero esta vez decide que la acompañen Pedro y Fiké.

El príncipe heredero no está acostumbrado a recorrer a pie grandes distancias y viaja en un carruaje bien protegido contra el polvo y el sol. Al comienzo Fiké viaja en el carruaje de su prometido, aunque pronto decide unirse a la emperatriz. Todos los habitantes de las aldeas situadas a lo largo de la carretera conocen bien a su zarina, pero este año se muestran sorprendidos al descubrir junto a la soberana a una esbelta joven cuya belleza se ve deslumbrante a pesar de su tosco atuendo de aldeana. Los campesinos encuentran en ella un gran parecido con Isabel, pues es igual de sencilla, amable e incansable en su larga caminata.

—¿Quién será? —murmuran los aldeanos—. ¿Acaso nuestra zarina tiene una hija? ¿Dónde la escondió durante tanto tiempo?

Fiké ya domina el ruso lo suficiente para entender aquellas insinuaciones. Se siente halagada y, además, embriagada por el delicioso aire de la campiña, el dulce aroma de aliso en flor, el canto de alondras en la inmensidad azul del cielo, el tierno murmullo de abedules envueltos en el verde claro del primer follaje. ¡Qué distinto es este mundo lleno de vida y de colores de aquellas gélidas llanuras y bosques hundidos en la nieve contemplados por ella hace unos pocos meses! La naturaleza rusa, recién despierta tras el largo sueño invernal, se ve espléndida, exuberante y triunfal, y todos estos hombres y mujeres con niños entre sus brazos, hijos de este mundo impredecible y lleno de contrastes, no se parecen a ningunos bárbaros toscos, sino más bien a los personajes resucitados de las fascinantes historias del padre Simón. ¡Con qué confianza y admiración contempla toda esta gente a su emperatriz! ¡Qué humana y comprensiva se ve la soberana rusa y qué distinta es su conducta de la soberbia y arrogancia de los mendicantes aristócratas alemanes!

El monasterio de la Trinidad de San Sergio hechiza a Fiké con su grandiosidad algo sombría y el brillo cegador de sus níveos muros e innumerables cúpulas doradas. La emperatriz avanza lentamente a través de la densa muchedumbre de peregrinos con una candela en la mano, susurrando la oración y dirigiéndose hacia el plateado sepulcro donde reposan los restos mortales de Sergio, el santo patrón de Rusia; Pedro y Fiké la siguen en silencio. Hasta el príncipe heredero, agobiado por la majestuosidad del santuario, se ve calmado y serio como nunca mientras a Fiké se le seca la garganta y le flaquean las piernas.

—¿No extrañas a tu madre? —pregunta la zarina inesperadamente.

—Mi madre es Rusia —contesta la joven.

A finales de junio la emperatriz regresa a Moscú y unos días después Fiké recibe el agua bautismal de las manos de su maestro Simón en la catedral de la Asunción en el Kremlin.

Vestida de blanco y coronada de rosas blancas, la joven pronuncia el Símbolo de la fe ortodoxa sin cometer ni un solo error y, para gran sorpresa de todos, casi sin acento. Su voz es tan dulce y expresiva que muchas damas presentes en la ceremonia no pueden contener las lágrimas de conmoción.

La madrina del bautizo, la misma emperatriz Isabel, regala a su ahijada una magnífica pulsera de diamantes y anuncia con solemnidad:

—Hoy has nacido por segunda vez, así que debes recibir un nuevo nombre. De ahora en adelante te llamarás Catalina, en honor a mi madre, que en paz descanse.

La humilde muchacha llamada Fiké deja de existir y en su lugar aparece la gran princesa Catalina Alexéevna, la ahijada de la emperatriz y la prometida oficial del príncipe heredero.

La princesa infeliz

Poco después del bautizo, la nueva Catalina parte junto con la emperatriz a un nuevo peregrinaje, esta vez, a Kiev. Pedro las espera en San Petersburgo. En ausencia de la zarina es nombrado gobernante supremo del imperio, pero, en realidad, no hace otra cosa que dedicarse a los desfiles, la bebida y a otros pasatiempos favoritos. Además, contrae la viruela y, aunque su vida no corre peligro, pierde casi todos sus cabellos, y su rostro, de por sí poco atractivo, queda marcado con las horrendas huellas de la enfermedad. Su carácter se daña irremediablemente. Cuando Catalina, al regresar de su largo viaje, va a visitarlo, la recibe con una lluvia de reproches como si ella fuera culpable de lo ocurrido:

—¿Te sigo gustando incluso ahora? —grita Pedro desprendiéndose de la peluca y dejando al descubierto su cabeza completamente calva—. No mientas, sé que no te importo para nada, lo único que quieres es sentarte conmigo en el trono. ¡Vete a lamer los pies a mi tía y no vuelvas a aparecer aquí!

Catalina se retira en silencio. La repugnancia hacia su prometido no es capaz de expulsar de su corazón aquel inmenso amor que siente por el país que acaba de recorrer. Pase lo que pase, jamás dejará Rusia.

La boda se celebra en agosto de 1745. Mientras las numerosas doncellas arreglan a la novia envolviendo su grácil cuerpo con vaporosas olas de muselina blanca, abrochando alrededor de sus finas muñecas brazaletes de diamantes y trenzando sus negros cabellos con finísimas sartas de perlas, el novio pasa sus últimas horas de soltero bebiendo vodka en compañía de sus guardias holstinios y escuchando sus comentarios obscenos acerca de cómo hay que tratar a las mujeres. Desafiando a la opinión pública y a la misma emperatriz, se viste con el uniforme azul con oro de oficial prusiano, pero incluso aquel suntuoso atuendo no puede enmascarar sus piernas flacas, su tronco excesivamente corto y otros defectos de su grotesca figura. Se ve aún más lamentable al lado de la novia, resplandeciente de perlas, diamantes y, aún más, de su propia belleza, lozana y fresca.

Terminada la parte oficial, los recién casados se retiran a sus aposentos privados. Sola en su alcoba conyugal, Catalina se acuesta sobre el amplio lecho cubierto con crujientes sábanas de lino, se cubre castamente hasta el mentón con una gruesa cobija de raso y cierra los ojos. No siente ninguna atracción hacia su esposo, pero está dispuesta a cumplir con su deber y engendrar el heredero que tanto desea la emperatriz. El joven esposo entra con el tambaleante andar de borracho y lo primero que hace es mostrarle a Catalina el látigo con que suele castigar a los caballos y perros rebeldes.

—¿Viste esto? ¡Ahora recibirás tu merecido!

Propina a Catalina unos fuertes latigazos que dejan sobre su piel unos surcos sangrantes. Ella se muerde los labios, pero no grita. Ignora que Pedro trata a punta de azotes a todas sus amantes: sirvientas, actrices y cantantes. Los gritos femeninos le provocan una súbita excitación, mas Catalina, criada en la familia de un oficial germano, está acostumbrada a recibir golpes sin demostrar dolor. Aquella firmeza enfurece a Pedro aún más y no le despierta ningún deseo sexual. Cansado de asestar golpes, se retira de la alcoba resoplando con furor. Catalina, completamente sola, llora sobre las sábanas ensangrentadas; mañana sus doncellas sonreirán satisfactoriamente, pues no sospecharán el auténtico origen de esas manchas rojas.

La noche siguiente se repite la misma escena. Pasan semanas, pero el matrimonio no es consumado. Decepcionado de su joven esposa, Pedro busca consuelo en numerosos amoríos pasajeros y ni siquiera trata de ocultarlo. Catalina conoce a todas las amantes de su esposo, y no se siente celosa, sino, más bien, sorprendida: todas esas mujeres son feas y, algunas, realmente monstruosas. Atraen a Pedro por una simple razón: a su lado el príncipe heredero, desgarbado y larguirucho, parece casi guapo. Pronto Pedro queda prendado de los encantos de la condesa Vorontzova, quien, además de ser obesa, deforme y patituerta, lo atrae con su enorme nariz adornada con una verruga espectacular. Catalina, con su esbeltez y rostro fino cual camafeo, es incapaz de rivalizar con aquella dama y le deja el camino libre. Pedro se siente feliz como nunca, pues a su nueva favorita le encanta beber vodka, presenciar los desfiles y compartir todas las fantasías de su regio amante. Ahora el príncipe busca a su esposa legítima tan sólo de vez en cuando y con un solo propósito: disfrazarla de oficial holstinio, con un fusil en el hombro y una espada en el cinto, Catalina se ve obligada a hacer guardia de honor en la puerta de la alcoba de su esposo mientras éste se divierte con Vorontzova. Es estúpido y humillante, pero Catalina aguanta aquella tortura estoicamente. Algún día Pedro pagará muy caro por todos sus excesos...

El tiempo pasa. Pedro se hunde más y más en sus locuras mientras Catalina hace todo lo posible para no terminar arrastrada por aquel torrente turbio y peligroso. Pasa largas horas puliendo su ruso, lee numerosos libros de gramática, geografía, historia y etnografía, comienza a estudiar inglés e italiano y mantiene correspondencia con los enciclopedistas franceses. Al mismo tiempo, le encanta bordar con seda, hacer grabados sobre metal y madera, y en verano —cuando la corte abandona la capital y se instala en Oranienbaum, en Petergof o en alguna otra villa cerca de San Petersburgo— cabalgar por las verdes campiñas o cazar patos, liebres y corzos en los bosques cercanos.

Con el transcurso de los años la belleza de Catalina, pulida por aquellos ejercicios físicos e intelectuales, adquiere un nuevo toque maduro, fascinante y misterioso, pero su cuerpo aún no conoce caricias masculinas, hecho que ignora la emperatriz. Seriamente preocupada por la falta de un heredero, Isabel obliga a la princesa a someterse a un escrupuloso examen médico. Lestock informa a la emperatriz que Catalina no sufre ningún mal femenino, sino que sigue siendo virgen.

—¿Virgen? ¿Después de varios años de matrimonio? —exclama Isabel, aturdida e indignada a la vez—. Entonces la encerraré en su alcoba a solas con mi sobrino y no saldrán de allí hasta que no engendren un heredero.

—Creo que eso no servirá para nada —objeta Lestock—. El príncipe Pedro tiene numerosas favoritas y hasta el momento ninguna de ellas ha procreado por su culpa, pues semejantes historias nunca se mantienen en secreto.

—¿Qué quieres decirme? —pregunta Isabel.

—Que su sobrino es incapaz de engendrar hijos —concluye el francés quien, al percibir la tristeza de la soberana, trata de alentarla—. No se desespere, majestad. En Francia decimos que una reina puede tener hijos legítimos incluso sin su rey, en cambio, un rey sin su reina engendra sólo bastardos.

Isabel es lo suficientemente perspicaz para entender la insinuación del médico y manda llamar a Catalina para una conversación en privado.

—¿Es cierto que aún no has tenido relaciones con nadie? —pregunta la zarina lisa y llanamente.

—He sido fiel a mi esposo, pero él no me quiere en su lecho —contesta Catalina—. Incluso amenaza con encerrarme en un convento para poder casarse con Vorontzova.

—No te preocupes, niña, no lo hará mientras yo esté viva. No te culpo de nada, pero no debes olvidarte de que tu deber es traer al mundo un heredero.

Catalina baja la mirada. Hace poco ha conocido a Sergio Saltykov, un joven de veinticuatro años, hijo de aquel mismo conde Saltykov que en otros tiempos había ayudado a Isabel a subir al trono. El joven conde opaca a los demás cortesanos con su belleza, lustre e ingenio, por lo que las mujeres más distinguidas de la corte sueñan con sus caricias. Sin embargo, Saltykov no presta atención a ninguna de estas beldades porque tiene su corazón abrasado por una pasión devoradora e imposible cuyo nombre es Catalina.

—¿Por qué callas? ¿Acaso amas a alguien? —insiste Isabel, y cuando Catalina le confiesa su gran secreto le regala una sonrisa estimulante—: los Saltykov son una familia noble y respetada. Bueno, tienes mi aprobación. Pase lo que pase, puedes contar con mi ayuda.

Alentada por aquellas palabras, Catalina se entrega apasionadamente a su primer amor. Entre los brazos de Saltykov se convierte en una mujer de verdad y vive aquella aventura maravillosa hasta que su cuerpo empieza a sufrir ciertos cambios. Es demasiado inexperta para adivinar su naturaleza, pero las camareras de la princesa no tardan en descubrir su estado e informar a la emperatriz. Isabel se siente dichosa, mas la reacción de Pedro es completamente contraria.

—¡La odio! ¡Mataré a esa maldita zorra junto con su amante! —grita el príncipe pataleando, pero su regia tía lo interrumpe decididamente:

—¡Cállate! He aguantado tus locuras durante tantos años y todo tiene su límite. Actúa con sabiduría al menos una vez en la vida. Si fueras el primero en gritar que el hijo de tu esposa es un bastardo los demás no se privarán de repetirlo. ¿Acaso quieres cobrar fama de cornudo? Que yo sepa, Catalina no te parece atractiva, así que debes agradecer a aquel desconocido que te liberó de la necesidad de compartir el lecho con la mujer que no amas.

Pedro no se atreve a refutar argumentos tan razonables, pero su corazón arde de rabia.

—Está bien, tía, reconoceré a aquel niño como mío, mas no dejaré sin castigo a esa ramera de Catalina. En cuanto nazca su hijo, se lo quitaré inmediatamente.

—Es tu derecho de padre.

Para evitar chismes, Isabel decide alejar a Saltykov de la corte. Primero lo manda con una misión diplomática a Estocolmo, luego a Hamburgo y, finalmente, lo nombra embajador de Rusia en París. No regresará a San Petersburgo y no volverá a ver a Catalina, quien pasa todos esos meses recluida en sus aposentos, pues la emperatriz, preocupada por la salud de la futura madre, casi no le permite salir.

En noviembre de 1754 Catalina da a luz su primer hijo. Como sucede a menudo con las primerizas, sufre atrozmente, pero, fiel a sus principios, trata de no demostrarlo a las comadronas ni a la misma zarina, quien aguarda con impaciencia la llegada del anhelado heredero. Cuando el niño, tras largas horas de trabajo, sale del cuerpo de la joven madre, es inmediatamente entregado a Isabel y llevado a sus aposentos.

—¿Por qué no lo dejan aquí, conmigo? —protesta Catalina con un hilillo de voz.

—Es la orden de la emperatriz y del príncipe Pedro —contesta la comadrona principal.

Catalina llora agitándose desesperadamente entre las sábanas empapadas de sudor.

Seis días después el niño es bautizado con el nombre de Pablo en la catedral de la Virgen de Kazán. Isabel y Pedro reciben numerosas felicitaciones, mas a Catalina ni siquiera la invitan a la pomposa ceremonia. No le permiten amamantar al pequeño Pablo ni siquiera verlo con frecuencia. Separada de su amado y de su hijo, se siente más sola que nunca, pero no se deja abatir por la tristeza. Vuelve a sus pasatiempos favoritos, y ya no se limita a la lectura, a los trabajos manuales y a las cacerías, sino que empieza a mostrar un creciente interés por la política.

El nacimiento del príncipe Pablo coincide con un nuevo enfrentamiento entre los franceses e ingleses en norteamérica. Dos años después las hostilidades se trasladan a Europa, donde surgen dos poderosas coaliciones. Una de ellas, encabezada por Inglaterra, es apoyada por Prusia y la mayoría de estados germanos mientras la causa francesa es sustentada por Austria y Suecia. Rusia no puede permanecer alejada de aquel conflicto y, finalmente, hace su elección a favor de Francia. Semejante alianza provoca la indignación de Pedro, gran admirador del rey Federico, pues significa un enfrentamiento inevitable con Prusia. Pero Isabel, influenciada por Bestúzhev, es firme en su decisión y en mayo de 1757 el ejército ruso, comandado por el mariscal Stepán Apraxin, cruza el río Nieman. En agosto los rusos derrotan a los prusianos en la batalla de Gross-Egensdorff. El camino a Königsberg está abierto, pero, en vez de apoderarse de la capital de Prusia Oriental, Apraxin ordena retroceder; motiva su decisión la falta de suministros, numerosas bajas y enfermedades. Aquella maniobra origina rumores sobre la traición del mariscal quien es destituido y arrestado inmediatamente. Se sospecha que Apraxin actúa por indicación del príncipe heredero y su esposa, ambos alemanes. Aunque el mariscal niega todo y no existen serias pruebas contra Pedro y Catalina, la emperatriz se muestra descontenta con sus herederos y deja de recibirlos.

Catalina se siente profundamente afectada por aquel menosprecio y, además, por el rumor de que su amado Saltykov parece olvidarla por completo, pues su vida en la lujosa e indolente capital francesa está llena de innumerables aventuras amorosas. La solitaria princesa busca consuelo en un nuevo amor hacia Estanislao Poniatowski, pero el joven y elegante diplomático polaco se deja involucrar en peligrosas intrigas, por lo que pronto es retirado de San Petersburgo y deportado a su natal Varsovia. Catalina está sola otra vez, aunque una nueva vida germina en su seno. En diciembre de 1758 trae al mundo una niña llamada Ana en honor a la difunta hermana de Isabel. Al igual que su hermano Pablo, la niña es separada de su madre y entregada a una nodriza, pero en unos pocos meses enferma y abandona este mundo en marzo de 1759. El diminuto ataúd es depositado en un lujoso sepulcro en el monasterio de Alejandro Nevski, donde toda la familia de la pequeña princesa se despide de ella.

Pedro conserva su habitual aire despreocupado y algo estúpido y pronto se retira llevándose de la mano al pequeño príncipe. Pablo, de tan sólo cuatro años, no se ve afligido ni conmovido por la pérdida de su hermana, a la que ha conocido poco y de la que ha vivido alejado. En cambio, Isabel no oculta su dolor llorando y lamentándose como una simple campesina. Sólo ahora Catalina percibe cómo ha decaído la zarina en estos últimos meses. Ya no es la misma soberana brillante y majestuosa sino una mujer triste, envejecida y enferma.

—¡Majestad! —exclama Catalina cayendo al suelo y abrazando las rodillas de Isabel.

—Levántate —dice Isabel suavemente—. ¿Qué puedo hacer para aliviar tu dolor?

—Le suplico que me permita regresar a la casa de mis padres —pide Catalina inesperadamente—. Mi hija ha muerto, mi hijo ha sido separado de mí, mi esposo me odia y su majestad también... Cree que soy una marioneta de Federico, que quiere vender Rusia a los prusianos, ¿verdad? Pero le juro aquí, sobre la tumba de mi hija, por su alma pura e inocente, que amo a Rusia con todo el corazón y jamás traicionaré su causa.

—Entonces, ¿por qué ordenaste a Apraxin emprender la retirada? —inquiere la emperatriz desconfiada.

—¿Quién le ha dicho semejante estupidez?

—Bestúzhev. Incluso me presentó las pruebas: las cartas que escribiste a Apraxin. ¿Por qué lo hiciste, niña?

—Simplemente porque aquel anciano me cae bien y quise alentarlo un poco. No son más que felicitaciones por el Año Nuevo y el nacimiento de su primer nieto. No pensaba esconderlas de nadie, pero Bestúzhev es un viejo sabueso que husmea conspiraciones en todas partes y, además, me detesta por ser sobrina de Federico. Eso es todo, majestad. He dado un heredero a Rusia y ahora quisiera regresar con mi familia a Anhalt-Zerbst.

—No te dejaré ir a ninguna parte... —Isabel sufre un fuerte ataque de tos y dos manchas rojas aparecen en sus pómulos—. Estamos en guerra, niña, y esto nos obliga a ser cuidadosos, pero no te guardo rencor. Si realmente amas a este país, no puedes abandonarlo en un momento tan difícil. ¿Quién gobernará Rusia cuando yo muera? Pedro es un imbécil y todo el mundo lo sabe perfectamente...

La zarina calla presa de jadeo. Catalina le besa la mano, algo que nunca hizo con su madre...

Poco después de aquella conversación, Apraxin muere en prisión a causa de un paro cardiaco, Bestúzhev es destituido de su cargo y exiliado mientras en el teatro de guerra los triunfos alternan con derrotas. El ejército ruso se apodera de Königsberg, pero unos meses después, en la sangrienta batalla de Zondorff, pierde casi treinta mil hombres, incluyendo más de mil oficiales de la Guardia, la flor y crema de la nobleza rusa. Toda San Petersburgo se viste de luto; sólo Pedro no disimula su alegría y no se cansa de repetir que los rusos, patanes e ignorantes, no le llegan ni a los tobillos a los gloriosos granaderos de Federico. Abatida por la derrota y, aún más, por el comportamiento del príncipe heredero, Isabel casi no se levanta de la cama. Sus ataques de tos se hacen cada vez más frecuentes, se queja de sudores nocturnos y a veces escupe sangre.

"¿Y qué pasará ahora con nosotros y con toda Rusia?", piensa Catalina cabalgando un soleado día de mayo de 1761 por el bosque cerca de Petergof. Aquellos paseos solitarios le ayudan a luchar contra el desaliento y le infunden nuevas fuerzas, pero ahora no la alegran ni los reflejos del sol sobre la blanca corteza de abedules ni el susurro consolador de seculares robles ni las blancas campanillas de lirios silvestres sobre la verde alfombra de musgo. El futuro que se perfila ante sus ojos es demasiado lúgubre y ni siquiera la risueña belleza del bosque primaveral puede alejar los malos presentimientos. Sumergida en sus reflexiones, Catalina no se da cuenta de que una liebre sale disparada de la espesura del bosque y cruza por su camino. Su caballo se encabrita atemorizado y por poco derriba a la amazona. Ella se esfuerza por agarrar las bridas, pero el animal se echa a un vertiginoso galope. Catalina grita clamando ayuda y justo en aquel momento, de entre los grandes árboles surge la silueta de un jinete montado en un hermoso corcel blanco, cuya apostura lo asemeja a los míticos centauros.

—¡No tema, señora, ya voy! —grita el hombre cerrando el paso a la enloquecida montura de la princesa.

Viste el verde uniforme de la Guardia y posee una fuerza hercúlea, por lo que apenas agarra las riendas, el caballo de Catalina queda inmovilizado.

—¿Está bien, señora? —pregunta el desconocido jadeando—. Soy el capitán Grigori Orlov, para servirle.

No parece tener más de treinta años. Es alto, robusto y bien formado; su cabello espeso y ondulado tiene un agradable tono de rubio cálido, sus ojos son verdes como musgo y su sonrisa sencilla y jovial inspira confianza.

—Orlov... —sonríe Catalina—. Volaste en mi ayuda como un águila de verdad[1].

Orlov ajusta apresuradamente su uniforme desabrochado a causa de su precipitada cabalgata por el bosque, pero Cata-

---

1. Juego de palabras: la palabra *orel*, de la cual proviene el apellido del personaje, significa en ruso 'águila'.

lina alcanza a ver una cicatriz profunda y larga que surca el musculoso pecho de su salvador.

—Es un recuerdo de Zondorff —dice Orlov percibiendo la expectante mirada de Catalina—. Un alemán me acarició con su bayoneta y le pagué con la misma moneda.

Durante un buen rato cabalgan estribo con estribo, disfrutando de la belleza del paisaje y conversando, conversando sin parar. Transcurre muy poco tiempo y en el solitario corazón de Catalina nace un nuevo amor, aún más fuerte y apasionado que los anteriores.

La zarina conspiradora

Mientras Catalina se entrega a su nuevo amor la guerra con Prusia continúa. Los rusos entran en Berlín casi sin encontrar resistencia, pero no es más que un éxito momentáneo, pues Federico no tarda en recuperar su capital. Meses más tarde, Jorge III, nuevo rey de Inglaterra, se niega a seguir prestando ayuda a los prusianos y prácticamente abandona a sus aliados a su propio destino. Los rusos anexan Pomerania, toman Stettin y de nuevo se aproximan a Berlín. El rey prusiano entiende que si el enemigo vuelve a apoderarse de su capital él no tendrá fuerza para recuperarla. Federico se siente perdido, pero la misma Providencia interviene en la historia cambiando su rumbo.

El 25 de diciembre de 1761, a la edad de cincuenta y dos años, muere Isabel. Catalina llora como si la muerte le hubiese arrebatado a su verdadera madre. Pedro ni siquiera disimula su dicha. Mientras Catalina se ocupa de la organización del velorio, de la misa funeraria y de otras ceremonias indispensables, su esposo se divierte en compañía de Vorontzova y otras favoritas, celebra con toda pompa la Navidad y las Pascuas y ofrece grandiosas fiestas de disfraces. Semejante conducta sorprende e incluso indigna a todos sus súbditos; en cambio, Catalina, tan desconsolada y sincera en su desgracia, conquista la simpatía de todo el mundo.

El 25 de enero de 1762 los restos mortales de Isabel son inhumados en la catedral de San Pedro y San Pablo. Al día siguiente Pedro promulga un primer manifiesto oficial donde se proclama "Pedro III, el emperador y autócrata de toda Rusia". Aquella misma noche ofrece un grandioso banquete a pesar de que las reglas de urbanidad prescriben guardar luto al menos durante un mes y obliga a Catalina a presenciarlo. La nueva zarina aparece en medio de aquella algazara vestida de luto y con el rostro oculto bajo un tupido velo negro; su aspecto presenta un contraste chocante con las alegres y vistosas vestimentas del emperador y los cortesanos.

—Se parece a una corneja —comenta Vorontzova al oído de su regio amante.

Cuando los invitados comienzan a mostrar cierto grado de embriaguez, Pedro proclama el brindis por la familia real. Los invitados se levantan: el rito exige que todos, salvo el soberano y sus familiares, beban parados. Pedro, Vorontzova y Catalina permanecen sentados.

—¡Párate! —ordena Pedro atravesando a su esposa con una mirada llena de odio.

—¿Por qué debo hacerlo? ¿Acaso la familia real no somos tú, yo y nuestro hijo? —con estas palabras Catalina se aparta el velo y Vorontzova se estremece sintiéndose pequeña y lamentable ante la aguda mirada de la zarina.

—¡Estúpida! —chilla Pedro—. Pronto no estarás aquí, te lo prometo.

Catalina se retira en silencio. Las amenazas de su esposo no la asustan en absoluto.

El nuevo emperador trata de conquistar la simpatía de la aristocracia por lo que promulga el manifiesto "Sobre la libertad de la nobleza", documento fundamental que sobrevivirá a Pedro en tres cuartos del siglo, pero su próximo decreto, "Sobre la secularización de bienes de la Iglesia y de los conventos", lo convierte en un enemigo irreconciliable del clero ortodoxo. Para ultimar la paciencia del pueblo, Pedro devuelve del exilio a los odiosos Birón y Minij, a quien promete puestos importantes en su gobierno. Toda Rusia parece bullir como un volcán. Catalina vigila cada paso de su esposo, pero no puede emprender nada, pues está esperando un hijo de su amado Orlov. Esconde su embarazo como puede, pues quiere lucir ante los ojos del pueblo casta e inocente. Al amanecer del 11 de abril de 1762 siente las primeras contracciones y avisa inmediatamente a Shkurin, su chambelán. El fiel servidor conduce a los aposentos de Catalina a una comadrona leal y corre en búsqueda de Orlov. Cuando los dos hombres entran en la alcoba de la zarina lo primero que oyen es el llanto de un recién nacido. Recostada en su lecho, Catalina sostiene junto a su pecho a un diminuto y sonrosado varón.

—¡Es guapísimo! —exclama Orlov orgulloso de su paternidad—. Lo llamaremos Alexei, como mi hermano mayor. Pero, ¿qué apellido le daremos?

—Por su propia seguridad no puede ser Orlov ni, mucho menos, Románov. He comprado a su nombre Bóbriki, una próspera granja cerca de Tula, así que será Bóbrinski —propone Catalina—. Además, lo haré conde. ¡Bienvenido al mundo, conde Alexei Bóbrinski!

Catalina acaricia la rubia pelambrera que cubre la cabecita de su hijo, contempla amorosamente su carita, una copia disminuida de las facciones de Orlov, y experimenta un enorme deseo de estrecharlo contra su pecho, cubrirlo de besos, amamantarlo con su propia leche, no separarse de él por toda la vida, pero todo eso resulta imposible para una mujer que debe elegir entre la madre y la emperatriz. Da al pequeño Alexei un cariñoso beso en la frente y lo entrega a Shkurin.

—No te preocupes, madrecita —dice el chambelán—. Mi esposa acaba de tener su tercer hijo y tiene suficiente leche para alimentar al tuyo. Crecerá en mi casa y no le faltará nada.

Apenas recuperada, se entera de que Pedro acaba de cometer otra estupidez imperdonable, esta vez en política exterior. A pesar de que las avanzadillas rusas se encuentran en las mismas puertas de Berlín, el emperador ordena la retirada y negocia la paz. Devuelve a Prusia todas las tierras anexadas durante la guerra, y, a cambio, recibe la orden del Águila Negra, suprema condecoración prusiana. De una vez proclama la guerra a Dinamarca y Austria, recientes aliados de Rusia. Lo peor de todo es que quiere mandar al frente todos los regimientos de la Guardia. Esto significa que Catalina se quedará completamente sola, sin apoyo ni protección, y nadie podrá impedirle a Pedro encerrarla en un convento y casarse con Vorontzova.

El inicio de la campaña es fijado para principios de julio, así que Catalina no puede perder tiempo. Las filas de sus partidarios siguen creciendo: además de Grigori Orlov y sus tres hermanos figuran Mijail Dáshkov, capitán del regimiento Izmailovski, y su joven esposa, la princesa Dáshkova, la única amiga de Catalina; el presidente de la Academia de Ciencias, Grigori Teplov; Nikita Panin, preceptor del pequeño príncipe Pablo; el almirante Iván Talyzin; Dimitri, arzobispo de Nóvgorod y uno de los más influyentes clérigos ortodoxos.

Los planes de los conspiradores amenazan con derrumbarse cuando el 27 de junio de 1762 uno de los soldados del regimiento Izmailovski los descubre ante uno de los pocos oficiales de la Guardia que aún preserva la fidelidad a Pedro. Varios conspiradores son arrestados y la princesa Dáshkova es una de las primeras en enterarse de lo ocurrido, pues entre los detenidos se encuentra su propio esposo. La valiente mujer busca a Alexei Orlov y éste a su hermano Grigori. Los tres cabalgan a Petergof, donde vive Catalina, y la despiertan en plena noche. La zarina no se muestra azorada ni asustada. Se viste con el uniforme de oficial de la Guardia y, acompañada por sus fieles amigos, se dirige a la disposición del regimiento Izmailovski. Al igual que Isabel más de veinte años atrás, la nueva pretendiente al trono irrumpe en los cuarteles gritando a diestra y siniestra que su infame esposo quiere encarcelarla o incluso ejecutarla para que nadie pueda impedirle vender Rusia a los prusianos. Los soldados la escuchan con la respiración retenida. Entre ellos se encuentran algunos veteranos que aún guardan recuerdos del otro golpe de estado, inspirado por otra mujer que les hablaba con la misma pasión y elocuencia. Aunque la menuda y grácil Catalina no se parece en nada a la majestuosa hija de Pedro el Grande, algo las asemeja.

—¡Isabel ha resucitado! —exclama de pronto uno de los veteranos.

Aquel grito parece romper el dique invisible que hasta el momento ha detenido la rabia y la indignación popular.

—¡Madrecita Catalina! ¡Viva nuestra emperatriz! ¡Vamos, madrecita, acabemos de una vez con el usurpador alemán! ¡Rusia es para los rusos!

En medio de aquel griterío nadie se acuerda de que por las venas de Catalina no corre ni una sola gota de sangre rusa. Todo el regimiento Izmailovski presta juramento de fidelidad a su soberana; otros dos regimientos de la Guardia, Seménovski y Preobrazhenski, siguen su ejemplo. Los soldados abren los calabozos y liberan a todos los detenidos por orden de Pedro y la princesa Dáshkova llora de felicidad entre los brazos de su esposo.

El camino a San Petersburgo está abierto. Pedro no se encuentra en la capital, sino en Oranienbaum con Vorontzova y la mayoría de sus holstinios, lo que facilita la tarea a los conspiradores. Rodeada de más de diez mil soldados y oficiales de la Guardia, Catalina entra en la capital y se dirige inmediatamente a la catedral de la Virgen de Kazán, donde la espera el arzobispo Dimitri. El amanecer apenas comienza a teñir de rojo el pálido cielo de San Petersburgo cuando sus habitantes afluyen a la plaza frente a la iglesia para presenciar el momento histórico. Artesanos, mercaderes, funcionarios, clérigos, civiles y militares, nobles y villanos, hombres y mujeres, toda Rusia parece estar presente en el momento en que el arzobispo Dimitri, cumpliendo con la milenaria tradición cristiana, unce con el óleo sagrado la cabeza de Catalina, para proclamarla emperatriz de toda Rusia. Pero el triunfo no es definitivo, pues Pedro aún permanece en libertad en Oranienbaum así que Catalina inmediatamente parte para allá a la cabeza de su numeroso ejército. Piensa tomarlo por sorpresa, mas el emperador, informado sobre el golpe por un lacayo fiel, no se muestra demasiado preocupado.

—¡Por fin esa zorra de mi mujer ha puesto todas las cartas sobre la mesa! —exclama con júbilo en el lujoso comedor de su residencia de Oranienbaum, donde está tomando café en compañía de Vorontzova y del viejo Minij, recién elevado al cargo de mariscal—. Ahora podré repudiarla oficialmente y tú serás mi zarina.

Diciendo esto, pellizca la mejilla de Vorontzova. La favorita sonríe complacida, pero el viejo Minij no se muestra tan despreocupado y recuerda al emperador que la usurpadora se acerca a Oranienbaum trayendo consigo a toda la Guardia Imperial.

—¡Boberías! —ríe Pedro—. Mandaré a su encuentro a mis holstinios. ¿Acaso aquellos rusos podrán contra mis héroes?

Sin embargo, los holstinios, impresionados por el vehemente discurso de Catalina, quien les ofrece plena libertad si entregan sus armas voluntariamente, y, aún más, por el aspecto decidido y audaz de los soldados rusos, comandados por los hermanos Orlov, no oponen resistencia. Enterado de la rendición de sus holstinios, Pedro se da al pánico.

—Majestad, aún no estamos perdidos —trata de animarlo el viejo Minij—. Si partimos inmediatamente para Kronstadt tendremos en nuestras manos todos los barcos de guerra y, en caso de derrota, podremos huir a Suecia.

Obedeciendo al viejo mariscal, Pedro y todo su séquito se embarcan en dos pequeños yates, convenientes más bien para un paseo recreativo que para una expedición militar. El plan de Minij parece sencillo y razonable, pues Kronstadt, aquella inhóspita isla en medio del golfo de Finlandia, es una fortaleza casi inexpugnable, pero el anciano ignora que el almirante Talyzin, uno de los partidarios más fieles de Catalina, acaba de ordenar a la guarnición mantener las puertas cerradas ante cualquier visitante. Cuando los yates de Pedro se acercan al amarradero los centinelas se niegan a lanzarles las sogas.

—¿Qué sucede? —se indigna Pedro—. ¿Acaso no reconocen a su emperador Pedro iii?

—No tenemos ningún emperador —responde desde el bastión el oficial de guardia.

—¡Nuestra soberana es la emperatriz Catalina ii! Aléjense de aquí o vamos a disparar.

Una larga fila de cañones instalados en el muro habla por sí misma. La trampa se cierra y Pedro se desespera. Vorontzova llora y tan sólo Minij no pierde el ánimo y trata de encontrar una salida:

—Majestad, aún podemos escapar. Por supuesto, nuestras embarcaciones son demasiado frágiles para navegar hasta Suecia, pero si arriesgamos podremos llegar hasta Rével y de allí estaremos a dos pasos de la frontera con Prusia. El rey Federico no nos negará su ayuda.

A través de la ventanilla de su camarote Pedro contempla con temor las olas plomizas.

—Prefiero entregarme a la merced de la usurpadora que yacer en el fondo del mar.

—Si caemos los dos a los pies de Catalina —interviene Vorontzova sollozando—, no le pediremos otra cosa que partir juntos a tus dominios de Holstein-Gottorp. Te amo, Pedro, y no me importa quién seas: el zar de toda Rusia o el señor de un humilde ducado.

Por unos instantes Pedro guarda silencio pasando su mirada de esta mujer suplicante al severo e impenetrable mariscal.

—Está decidido —dice finalmente—. Regresemos a Oranienbaum.

De nuevo en su residencia de verano, Pedro redacta apresuradamente su manifiesto de abdicación en el cual reconoce que no posee suficiente fuerza física ni espiritual para gobernar un país tan enorme como Rusia, jura que ya no volverá a pretender el trono ruso y no le pide a Catalina nada salvo el permiso de regresar a su natal Holstein-Gottorp. Al sellar el documento aguarda su destino, que no tarda en aparecer en las personas de varios oficiales de la Guardia que lo escoltan hasta Petergof, donde Catalina ha instalado su cuartel general.

La nueva emperatriz se niega a recibir a su esposo. En cuanto le entregan su manifiesto, lo recorre rápidamente con los ojos, y finalmente concluye:

—Acepto su abdicación, pero no puedo dejarlo en libertad. Sin embargo, no soy ninguna desalmada así que no lo encerraré en ningún monasterio ni, mucho menos, en Schlusselberg, sino que lo mandaré a Ropsha, una pequeña, pero confortable finca cerca de San Petersburgo. El zar destronado vivirá allí bajo arresto domiciliario. Vorontzova se arroja a los pies de Catalina rogándole permiso para permanecer junto a Pedro, pero la emperatriz es implacable.

—No le guardo rencor, señora —dice Catalina contemplando a aquella mujer de aspecto lamentable que no le inspira odio, sino una profunda aversión mezclada con lástima—. No quiero que su vida corra peligro, así que manténgase lejos de Pedro. Lo mejor que puede hacer es refugiarse en alguno de sus dominios lejos de la capital hasta que cese toda esta tormenta.

Vorontzova no se atreve a protestar. Aquel mismo día parte para su finca en los alrededores de Moscú y desaparece de la vida de Catalina y de la historia rusa.

El viejo Minij, por el contrario, se comporta con dignidad. No se arrodilla ante su vencedora ni le pide perdón.

—¿Por qué has combatido contra mí? —pregunta Catalina.

—He defendido a mi emperador —contesta el anciano—. Puede hacer conmigo todo lo que le plazca, pues ya no le tengo miedo ni a la cárcel ni al exilio ni a la misma muerte.

—Estás perdonado —dice Catalina conmovida por la firmeza y el valor de su enemigo—. Conservarás tu rango y todos los privilegios.

Durante los dos siguientes días Catalina interroga a los partidarios de Pedro y, para gran sorpresa de todos, ninguno de ellos es ejecutado ni exiliado. Luego proclama amnistía para todos los presos políticos encarcelados por orden de su esposo, lo que provoca un verdadero júbilo entre el pueblo.

Sofía Augusta Federica Anhalt-Zerbst, futura Catalina II,
a la edad de quince años.

Arriba:
Pedro III.
Óleo de Fedor Rokotov, 1758.

Página derecha:
Pablo, nacido en 1754,
primogénito de Catalina II.

Página siguiente:
Coronación de Catalina II, septiembre de 1762.

Sergio Saltykov, en un óleo de Pietro di Rossi, y una medalla de oro que
Catalina mandó hacer para su amante con la siguiente inscripción:
"Mi amor, como estos cabellos, siempre será el mismo".

La Emperatriz Catalina II la Grande, acompañada de uno de sus perros favoritos, de paseo por el parque de Tsarskoe Selo. Óleo de Vladimir Borovikovsky, 1794.

Grigori Potiomkin, último amor de Catalina,
con quien tuvo a su hija Isabel Tiómkina.

La Emperatriz Catalina II de Rusia, en la plenitud del poder.
Óleo de Dimitri Levitzki, Rusia (1735-1822).

¡La nueva soberana es igual de humana y piadosa que la madrecita Isabel!

Mientras tanto, Pedro se consume en Ropsha y se entrega a la bebida más que nunca. Los hombres de Catalina, encabezados por Alexei Orlov, lo vigilan día y noche e informan a la emperatriz sobre cada paso de su esposo. El 1 de julio Catalina recibe la noticia de la enfermedad de Pedro y una semana después la de su súbita muerte. El manifiesto oficial proclama que el emperador ha fallecido a causa de una congestión cardiaca provocada por el abuso de alcohol, pero en el pueblo corren rumores de que la muerte de Pedro ha sido violenta. Catalina no ordena ninguna investigación; tan sólo da la orden de enterrar a su esposo vestido con su uniforme holstinio, pero no presencia el sepelio. Por fin se siente libre aunque aún tiene pendiente la difícil conversación con su hijo.

Al entrar en el cuarto del niño lo ve jugando con sus soldaditos de plomo y, para su sorpresa y temor, descubre en él un extraño parecido con el difunto Pedro.

—Ven, Pablo, tengo que decirte algo —Catalina se inclina para abrazarlo, pero el niño se aparta. Casi no conoce a su madre, de quien ha sido separado desde recién nacido, y no experimenta por ella nada parecido al amor o al cariño—: tu padre ha muerto. Ahora soy la Emperatriz y tú mi heredero, así que debes comportarte como un futuro zar; con firmeza y dignidad Catalina tiende la mano con intención de acariciar la cabeza de su hijo, pero éste se libera bruscamente y mira a su madre con sus ojos azul claro llenos de odio:

—¡Tú lo mataste! No te lo perdonaré jamás...

La madre de la patria

Al día siguiente Catalina se presenta ante el Senado como soberana autócrata.

—El Imperio Ruso es tan vasto que no le conviene ninguna otra forma de gobierno salvo el absolutismo por lo que la emperatriz es la que debe dictar su voluntad y no someterse a ninguna intervención —anuncia la nueva soberana de Rusia a los magistrados que la escuchan con la respiración retenida—. Pero el absolutismo no debe convertirse en un simple despotismo. Amo la verdad por encima de todo y ustedes, los poderosos de Rusia, pueden discutir con su zarina si es por el bien de la causa. No me gustan las adulaciones y no las quiero escuchar. Lo único que exijo de mis magistrados es la sinceridad y la honestidad. Como soberana absoluta, debo mi poder a la voluntad del pueblo, así que quiero ocuparme ante todo de los intereses del pueblo y no de unos pocos aristócratas egoístas y ambiciosos.

Por más que habla la soberana, crece el aturdimiento de la mayoría de los senadores. Por primera vez en la historia rusa un monarca se muestra realmente preocupado por el pueblo; por primera vez las masas no son consideradas como un simple objeto de explotación. Los pasos iniciales de Catalina como soberana están dirigidos contra los más privilegiados: suprime la mayor parte de los monopolios comerciales, permite el libre cambio de algunos artículos básicos y prohibe la exportación de cereales para bajar el precio del pan, muy elevado en el interior del país. Uno de sus primeros manifiestos lleva un nombre muy significativo: "Contra la corrupción de los empleados públicos y el tráfico de las magistraturas".

La condición de los siervos, aplastante mayoría de la población rusa, le preocupa seriamente. En el siglo xviii la industria nacional crece considerablemente, pero muy pocos saben que detrás de aquel desarrollo tan acelerado se esconde un sinfín de tragedias humanas. La vida de los siervos en las minas y fábricas es un auténtico infierno. Su precio es más bajo que el de los instrumentos de su trabajo y, por lo tanto, su vida no tiene ningún valor. Su alimento es mínimo, su jornada ilimitada y los castigos corporales crueles y permanentes. Las revueltas entre aquellos proletarios de la miseria son tan frecuentes que el gobierno no ve otra solución que acudir a las tropas regulares que suelen apaciguar a los rebeldes a punta de latigazos y, a veces, de cañones. Pero Catalina decide romper con aquel círculo vicioso; en la sexta semana de su reinado promulga un decreto que prohíbe a los industriales rusos comprar siervos y les exige que contraten únicamente hombres libres y provistos de documentos y que les aseguren el pago. Pero no le parece suficiente. La zarina gasta una parte considerable del tesoro nacional comprando minas y fábricas; el trato de los obreros en aquellas empresas estatales es mucho más humano que en las privadas.

También se esfuerza por mejorar la situación de los campesinos. Al comienzo de su reinado Catalina piensa que la vida de los siervos en el campo no es tan pesada como la de los obreros industriales, pero el choque con la severa realidad no tarda en abrirle los ojos.

En primavera, cuando la naturaleza despierta tras el largo sueño invernal, Catalina emprende su primer viaje por las provincias en calidad de emperatriz. Decide conocer el río Volga, "la madrecita Volga" como lo llaman los rusos amorosamente. El viaje comienza en Tver. En estas latitudes "la madrecita Volga" no es más que un río pequeño que lleva sus aguas a través de frondosos bosques de blancos abedules y sombríos abetos, pero a medida que las galeras imperiales, ricamente adornadas con pabellones multicolores y águilas doradas, dejan atrás las antiguas ciudades de Yaroslavl, Kostromá y Kíneshma, el río se desborda hasta el horizonte bañando con sus aguas pequeñas islas boscosas y luciendo bajo el sol numerosos bancos de arena dorada. Miles de gaviotas vuelan sobre el río como minúsculos copos de nieve o de algodón blanco.

Catalina contempla aquel maravilloso paisaje desde la cubierta del buque insignia. De pronto se acuerda de la poderosa Cleopatra, una de las heroínas predilectas de su niñez. A la soberana egipcia también le encantaba navegar por las aguas del Nilo en su barcaza dorada; aquel espectáculo parecía fabuloso a la pobre niña de Anhalt-Zerbst, pero la dueña de un inmenso imperio no tiene nada que envidiar a la legendaria reina de Egipto.

—Nunca me he sentido tan feliz como ahora —confiesa Catalina sonriendo a Orlov.

El favorito revisa escrupulosamente su colección de pistolas.

—¿Para que llevas tantas armas? —pregunta Catalina.

—Estamos en la tierra de los bandidos más famosos de Rusia —contesta Orlov sin miedo y con una extraña satisfacción.

En otros tiempos los pantanos y bosques del alto Volga han sido el refugio del legendario bandido Kudeyar, defensor de los pobres y desdichados, supuesto hijo del zar Vasili y hermanastro de Iván el Terrible.

—¿Crees que existió realmente? —pregunta Catalina.

—¿Quién, Kudeyar? —sonríe Orlov jugueteando distraídamente con una de sus pistolas—.

—Creo que es solamente una leyenda. ¿Por qué te interesa tanto?

—Porque semejantes héroes aparecen cuando las autoridades son ciegas y sordas a los problemas del pueblo —dice Catalina.

En Nizhni Nóvgorod, aquel creciente centro comercial e industrial, la emperatriz visita fábricas, batanes, saladeros y, con un interés especial, el taller de un distinguido mecánico autodidacta: Iván Kulibin. La siguiente parada es Kazán, la antigua capital tártara, sometida a la soberanía rusa con la mano de hierro de Iván el Terrible. Era una guerra sangrienta y cruel, cuando la sangre humana corría por las calles y las familias enteras de los tártaros se lanzaban desde los muros prefiriendo la muerte a la capitulación, pero ahora, más de 200 años después, nada recuerda los horrores del pasado. El repique de las campanas de las iglesias ortodoxas se mezcla con los estridentes gritos de almuecines desde los minaretes de las mezquitas. En las calles, los elegantes trajes al estilo de la última moda parisiense colindan con turbantes y albornoces tártaros, gorros de fieltro de los bashkirios, pañuelos abigarrados de mujeres morduinas y altos tocados cónicos adornados con sartas de las monedas de plata, de las chuvaches[2] y Catalina se acuerda de las palabras de su antiguo maestro, el padre Simón, sobre una auténtica Babel a orillas del Volga. Orlov se muestra pasmado ante aquella variedad de trajes, costumbres y ritos mientras la emperatriz, rodeada por aquella muchedumbre políglota, escucha con paciencia numerosas quejas y peticiones. Llega a la conclusión de que las autoridades rusas no muestran ningún interés hacia los problemas de los pueblos autóctonos y desprecian abiertamente sus tradiciones seculares. Semejante situación puede tornarse sumamente peligrosa y Catalina comparte sus recelos con el gobernador de Kazán mientras almuerza en su casa.

—Pero es que nadie entiende a estos alienígenas, majestad —se queja el dirigente—. ¡Es tan difícil encontrar a un buen traductor!

—¿Acaso el señor no domina ninguna lengua salvo el ruso? —pregunta Catalina.

—Por supuesto, sé el francés y el alemán, pero aquí no me sirven para nada.

2. Pueblos autóctonos de la región del Volga, súbditos de la corona rusa tras la conquista del Kanato de Kazán por Iván el Terrible. Actualmente tienen autonomía nacional dentro de la Federación Rusa.

—Entonces, ¿por qué no se esfuerza por aprender el tártaro?

—¿Acaso su majestad quiere que su fiel servidor baje hasta el nivel de estos bárbaros? Ellos son los que deben compenetrarse del espíritu de la civilización y aprender por lo menos a hablar bien el ruso si quieren que condescendamos a sus ruegos.

—Entonces, despídase de su carrera, señor gobernador —dice Catalina implacable—. De ahora en adelante cualquier funcionario estatal enviado a estas tierras tendrá que aprender el tártaro.

La emperatriz regresa a su lujoso camarote llena de sentimientos contradictorios y no puede conciliar el sueño durante toda la noche. Tan sólo al amanecer se sumerge en una inquieta duermevela, pero un empujón que conmueve todo el barco la despierta bruscamente.

—¿Estamos atascados? —pregunta Catalina alarmada.

—No se preocupe, majestad, no es nada grave —la tranquiliza Iván Pushin, el almirante de la escuadra—. Simplemente entramos en un banco de peces, tan enorme que nos impide todo movimiento.

Tras aquella explicación, Grigori Orlov, pescador apasionado, alista una caña; la tripulación sigue su ejemplo y a la hora de almuerzo todos a bordo, desde la emperatriz hasta el último tripulante, disfrutan del exquisito caviar negro y del suculento asado de esturión.

Al atardecer, Catalina da la orden de atracar cerca de una pequeña aldea para conocer la vida de los campesinos y lo primero que nota es la ausencia de dientes de la mayoría de la gente. Una de las aldeanas levanta ante la emperatriz el velo de aquel misterio:

—Nuestra señora ha perdido casi todos sus dientes y necesita nuevos...

La dueña de la aldea, una dama próxima a los sesenta años, aún coqueta y petimetre, se inclina ante la emperatriz con una sonrisa que nuestra una dentadura magnífica. Catalina se aparta bruscamente porque conoce muy bien el precio de aquella prótesis.

—Serás juzgada y desterrada —dice la emperatriz categóricamente—. ¿Acaso no sabe, señora, que he prohibido terminantemente cualquier tipo de tortura?

—¿Cuál tortura, majestad? Tan sólo quería preservar mi juventud, eso es todo —se justifica la terrateniente—. ¿Acaso soy la única entre sus súbditos que tiene dientes postizos?

—Pero las prótesis que se venden en Moscú y San Petersburgo son de marfil y no de dientes humanos —replica Catalina.

—Pero aquí no se consigue marfil y no nos queda ninguna salida salvo acudir a nuestros siervos. Y antes de acusarme, majestad, pregunte a mis siervos si alguna vez he mandado azotar a alguien hasta la muerte o torturar con hierro candente, tal como hacen mis vecinos. Además, le juro que no volveré a arrancar dientes, pues tengo suficientes de reserva.

La terrateniente muestra a la emperatriz un frasco lleno de alcohol donde se conserva una docena de dientes humanos. Catalina se estremece de repugnancia.

El viaje continúa. La escuadra deja atrás las ciudades de Simbirsk, bajo cuyos muros hace más de un siglo ha sido derrotado el ejército de Stenka Razin, el más grande entre los rebeldes de Rusia, y de Samara cuyos alrededores son famosos por sus sorprendentes tierras negras que producen cosechas fabulosas. En Sarátov y en las tierras adyacentes, para gran sorpresa de Catalina, viven muchos de sus antiguos compatriotas. Las primeras colonias alemanas han surgido a orillas del Volga, aún en tiempos de Pedro I, y ahora muchas casas presentan una arquitectura inconfundiblemente alemana y varias iglesias luteranas alzan al cielo ruso sus techos puntiagudos.

Al sur de Sarátov los bosques retroceden ante la estepa. Ahora, en primavera, la estepa se asemeja a una espléndida alfombra esmeralda bordada de flameantes amapolas, tulipanes dorados y campanillas moradas y blancas de lirios silvestres, pero pasarán unas semanas y toda aquella belleza desaparecerá bajo el implacable sol y la estepa se tornará sombría, polvorienta y gris. En otros tiempos, de aquí venían las temibles hordas de nómadas feroces y ávidos de las riquezas de Rusia; Tzaritzyn, la siguiente gran ciudad que visita Catalina, ha sido fundada como una fortaleza para rechazar aquellos intrépidos ataques. Ahora todo parece tranquilo y sólo los pastores calmucos[3], tocados con hirsutos gorros de piel de lobo y montados en sus veloces caballos semisalvajes, per-

---

3. Pueblo de origen mongol y de religión lamaísta que habita en las estepas al noroeste del mar Caspio.

turban el silencio de la estepa con sus estridentes gritos guiando sus cuantiosos rebaños de ovejas. Aún más al sur está Astrakán, con su puerto donde anclan los barcos de todos los rincones del Caspio y con sus ruidosos bazares donde acuden las pintorescas caravanas de toda Asia, por lo que a los habitantes de esta ciudad no les sorprende el aspecto de un majestuoso persa con su barba teñida de rojo y enorme turbante, de un moreno hindú de mirada melancólica y misteriosa y ni siquiera de un chino con sus ojos como grietas, coleta en la nuca y exóticas ropas de seda.

Pero a Catalina ya no la entretiene aquel exotismo. Durante el viaje ha recibido más de seiscientas peticiones, la mayoría de las cuales contienen las quejas de los campesinos, sus protestas contra la arbitrariedad y la injusticia de los terratenientes y una tímida esperanza de que la "madrecita Catalina" no abandone a su pueblo. Leyendo y releyendo aquellas cartas, la emperatriz piensa que todo a orillas del Volga —sus fértiles tierras, sus fabulosas riquezas naturales, su gran variedad de climas— ofrece una vida próspera y feliz a todos sus habitantes, pero ni bellos paisajes ni prósperas ciudades con sus cúpulas de oro y lujosas mansiones pueden ocultar a los perspicaces ojos de la emperatriz la miseria y los sufrimientos de los innumerables siervos de gleba. ¿Cómo ayudar al pueblo sin perturbar la paz social ni derrocar el absolutismo, piedra angular del sistema político ruso? Aquella pregunta atormenta a Catalina durante el viaje de regreso. En una de aquellas noches de insomnio, al borde de la galera, la emperatriz comienza a escribir su famoso *Precepto*, un tratado jurídico y filosófico de 212 capítulos y 655 artículos, obra fundamental basada en la reflexión de los filósofos más importantes de la Ilustración sobre los deberes y obligaciones del monarca ante la sociedad, que posteriormente se convertiría en una auténtica "escritura sagrada" para varias generaciones de políticos rusos.

"Yo pertenezco a Rusia; lo he dicho mil veces" —escribe Catalina. Ama a su segunda patria de todo corazón, pero también a la flor de la cultura euroccidental, la filosofía de la Ilustración. Hace más de medio siglo Pedro I ha abierto para sus súbditos "la ventana a Europa" haciendo soplar las primeras ráfagas de nuevas ideas. Desde entonces Rusia se ha convertido en el escenario de lucha entre las tendencias europeas y asiáticas, Oriente y Occidente, la fe y la razón. Los zares anteriores a Pedro I rechazaban cualquier innovación aferrándose a las antiguas costumbres; el gran reformador, al contrario, idealizaba todo lo que venía de Occidente. Catalina no sólo excluye cualquier extremo, sino que pretende extraer lo más valioso de ambas culturas. Realmente, ha nacido para gobernar Rusia sin violentarla.

La directora de la orquesta europea

Cuando Catalina sube al trono ruso, el rey Federico de Prusia espera de su sobrina la misma obediencia y sumisión del abúlico Pedro III. No obstante, la joven emperatriz no tarda en frustrar los ambiciosos planes de su viejo tío. "Le declaro francamente —escribe en su primera carta oficial dirigida al rey de Prusia— que quiero estar en buenas relaciones de amistad con todas las potencias, a fin de poder siempre inclinarme hacia la que sea atacada, y convertirme así en el árbitro de Europa".

Federico se siente indignado. ¿El árbitro de Europa? ¡Qué atrevimiento! Hace un siglo, Rusia era considerada por sus vecinos occidentales como un país asiático. ¡Pedro el Grande había empleado toda su vida en intentar hacer parte de la orquesta europea y Catalina, de ayer a hoy en el trono, pretende convertirse en su directora! A la intrépida soñadora de Anhalt-Zerbst ya no le basta gobernar el imperio más grande del mundo; como soberana de ese imperio quiere gobernar todo el orbe. Pero el rey Federico ignora que Catalina es una conquistadora de nacimiento y continuará siéndolo hasta el día de su muerte. Con un instinto seguro e infalible, en silencio, sin trazas belicosas ni fanfarronerías inútiles, pero también sin vacilaciones ni retrocesos, comienza a trabajar por la extensión de su imperio y por el aumento de su prestigio internacional.

Lo primero que hace es lanzar una mirada expectante a Curlandia; si logra apoderarse de aquel país, pequeño y pobre en recursos, pero de una posición estratégica sumamente importante, convertirá a Rusia en la auténtica dueña del mar Báltico. Pero Federico de Prusia también incluye a Curlandia en la órbita de sus intereses y, además, otro monarca germano, Carlos de Sajonia, vive aún en el palacio de Mitau, la capital de Curlandia. Paso a paso, por medio de complicadas maniobras y presiones diplomáticas, Catalina logra persuadir al duque Carlos de Sajonia de conceder a los comerciantes rusos todas las facilidades posibles, proteger la práctica de la religión ortodoxa en Mitau, dar libre entrada a las naves rusas en todos los puertos curlandeses, permitir la construcción de almacenes para cereales rusos, reorganizar la posta rusa entre Riga y Mitau, denegar semejantes favores a las demás potencias y autorizar el paso del ejército ruso a través de su territorio en caso de necesidad.

El tiempo pasa y Catalina se convierte en la auténtica dueña de Curlandia; ahora ya no le falta más que desalojar de Mitau al duque Carlos. Aquella expulsión se realiza sin un solo disparo y sin derramamiento de sangre. Catalina le corta metódicamente los suministros mientras las tropas rusas ocupan, una por una, todas las propiedades del duque y de sus partidarios. Al cabo de unos meses el desesperado Carlos se ve obligado a salir de Mitau, ocupada por el ejército de Catalina, y a pedir ayuda a su aliado Augusto III, rey de Polonia, quien reúne la Asamblea Nacional para protestar contra la expansión rusa. Pero el soberano polaco subestima la influencia que tiene en su país el partido rusófilo, encabezado por Estanislao Poniatowski, el antiguo amante de la emperatriz rusa.

Aunque parece inverosímil, el noble polaco sigue amándola. Cuando Catalina sube al trono y su esposo muere, Poniatowski espera impaciente que ella le llame a su lado. Sabe de su romance con Orlov, pero no cree que aquel soldadote rudo e ignorante, desde el punto de vista del refinado aristócrata polaco, sea para Catalina algo más que una pasión momentánea. Aunque Catalina, profundamente enamorada de Orlov, ya no siente nada por Poniatowski, lo aprecia como su fiel aliado y posible portador de intereses rusos, por lo que le hace una gran promesa: la corona de Polonia.

Poniatowski nunca ha pensado en reinar; su ambición nunca ha ido más allá de representar un papel brillante en una corte agradable. Por el momento, la idea de convertirse en rey no le atrae. "Ya preferiría mil veces ser un simple embajador cerca de ti que reinar aquí", le escribe a Catalina. Pero ella permanece sorda a estas declaraciones amorosas e insiste en su deseo de convertir a su antiguo amante en rey de Polonia. Tiene numerosas razones para hacerlo: desea alejar a Poniatowski definitivamente, indemnizarle generosamente la pérdida de su amor y, ante todo, dominar a través de él al vecino país. Las cartas de la emperatriz se tornan cada vez más frías, y se acentúa su carácter exclusivamente político. Entonces Poniatowski acepta las reglas del juego.

La misma Providencia favorece los planes de Catalina. En septiembre de 1763 muere el rey Augusto III. Catalina despliega inmediatamente una actividad prodigiosa. Para legitimar a su antiguo favorito como rey de Polonia debe lograr su reconocimiento oficial por la Asamblea Nacional, que se compone de la asociación de todas las familias privilegiadas de Polonia, cuyo número asciende a mil; todas ellas tienen los mismos derechos, de manera que la elección del soberano debe ser unánime. Pero Catalina sabe perfectamente que la mayoría de los orgullosos aristócratas polacos detesta a Poniatowski y que le tildan de "perrito faldero de la usurpadora rusa", por lo que acude a los medios probados de la presión política: el dinero y la violencia. Según la constitución polaca, durante el interregno debe gobernar un primado, la segunda persona del Estado después del rey. En una de las cartas dirigidas al embajador ruso en Varsovia, Catalina escribe lo siguiente: "Sea lo que sea, debemos predisponer al primado en nuestro favor. Si es imposible por una suma menor, puedo sacrificar para la causa hasta 100 mil ducados de oro". Al mismo tiempo, más de 80 mil soldados rusos son transferidos a las proximidades de la frontera polaca.

Catalina no es la única interesada en la elección del rey de Polonia. Para lograr su objetivo, debe entrar en competencia con Austria, Prusia, Francia y Turquía. El candidato austríaco —el príncipe elector de Sajonia— es el rival más peligroso de todos, porque es un pariente lejano de María Teresa, la archiduquesa de Austria. Además, la unión del trono polaco con el austríaco ya tiene cierta tradición y dispone de un partido considerable en la misma Polonia. Pero María Teresa es la enemiga mortal de Federico de Prusia, así que Catalina se aprovecha de estas contradicciones y ofrece a Federico eliminar al candidato austríaco si el rey de Prusia, a su vez, neutraliza al candidato francés. Este primer paso no presenta dificultades, pero resulta insuficiente. ¿Cómo obligar a una nación soberana a escoger como rey a un personaje escogido "por medio de una elección libre y sin influencia extranjera", como está escrito en la constitución polaca? Tanto a Catalina como a Federico no les queda más que acudir a la amenaza de la fuerza armada.

Federico se percata muy pronto de que Catalina tiene un gran interés en asuntos polacos y le expresa que su buena voluntad consiste en respetar la libertad de Polonia y en una sólida alianza ruso-prusiana. Pero Catalina se acuerda muy bien de todos los errores de Pedro III, así que en lugar del tratado de alianza se limita a enviarle a Federico espléndidas sandías y melones de Astrakán. El rey de Prusia le da gracias efusivamente: "Hay una gran diferencia entre una sandía y la corona de Polonia pero usted sabe incluirlo todo en su actividad. La misma mano que regala frutos, reparte coronas y asegura la paz en Europa, por la cual yo y todos los que, como yo, se interesen en el asunto polaco, la admiramos".

En marzo de 1764 las negociaciones pasan del terreno de la cortesía al de la realidad. Catalina y Federico firman un tratado defensivo por el cual se obligan mutuamente a "servirse de todos los medios, incluso, en caso de necesidad, de la fuerza armada, si alguien trata de impedir la libre elección del rey de Polonia o de atacar la constitución existente en este Estado soberano". Ahora nada impide a Catalina entronizar a su antiguo amante y controlar la situación a su antojo.

La aristocracia polaca se rinde, pero le exige a Poniatowski que se case con alguna noble polaca antes de la coronación oficial. Él se niega categóricamente y declara que prefiere renunciar a la corona. En medio de todas estas combinaciones e intrigas políticas, Poniatowski no deja de amar a la mujer de sus sueños y conserva su fe ciega de enamorado que se opone a dejarse arrancar la última esperanza. No obstante, Catalina se la quita, Poniatowski firma obedientemente el tratado de elección y se compromete, entre otras cosas, a no contraer matrimonio sino con el asentimiento de la Asamblea Nacional de su país y, en todo caso, a no casarse más que con una princesa católica.

El 16 de agosto de 1764 las tropas rusas, reunidas en la frontera con Polonia, se hallan en pie de guerra para garantizar la "libre elección del rey". Pero no hay necesidad de disparar, pues la coronación de Poniatowski se efectúa con la mayor calma y por unanimidad. Cegado por su amor imposible, el nuevo soberano polaco jamás contraerá nupcias, por lo que no engendrará ningún heredero, y al morir legará su país a la corona rusa. La anexión definitiva de Polonia es sólo cuestión de tiempo.

Después de aquel triunfo diplomático nadie en Europa, ni el sarcástico Federico, se atreve a burlarse de Catalina. Para fortalecer su prestigio, la soberana rusa emprende viaje por las provincias del Báltico, la fachada occidental de su imperio. En todas partes, en Kronstadt, Livonia, Estonia y en la recién anexada Curlandia, es recibida con júbilo; por donde pasa su carroza triunfal los caminos están cubiertos de flores y alfombras. Los aristócratas bálticos se disputan el honor de recibirla, y cierta vez viaja su carroza tirada por corredores voluntarios en vez de caballos. La población local tiene sobradas razones para mostrarse satisfecha de la emperatriz, quien, a pesar de ser autoritaria, da numerosas pruebas de una sutil comprensión de los privilegios de aquellas provincias, las más cultivadas y desarrolladas de su imperio. Para Catalina es un viaje útil, pues le aporta nuevas experiencias: visita el campamento del general Rumiántzev, presencia las maniobras de la flota e inspecciona los trabajos hidráulicos en la embocadura del Dvina.

Siempre está ocupada, entregada al presente, proyectando mil cosas para el futuro, sostenida por el amor, emanando encanto y gracia, apasionada y entusiasmada.

Las preocupaciones de la soberana

Catalina, con menos de diez años en el trono ruso, cuenta con una considerable lista de obras exitosas. Sin embargo, no se siente feliz. Sus relaciones con Grigori Orlov son complicadas. Catalina lo ama de todo corazón, Orlov le paga con lo mismo y su amor no se limita únicamente a placeres de alcoba. El favorito no es ningún zángano dedicado únicamente al juego, a las borracheras y a las cacerías como lo pintan algunos malévolos y envidiosos. En muchos aspectos, Orlov es un hombre digno de ser amado por una mujer tan ilustre como Catalina y se ha convertido en la mano derecha de la emperatriz en muchas de sus empresas. Es el coautor de varios artículos del *Precepto*, traductor de numerosas obras de enciclopedistas franceses, creador de un gran observatorio en el Palacio de Verano, fundador de la Libre Sociedad Económica Rusa y su primer presidente. Es un hombre sumamente ocupado, pero, de todos modos, incapaz de compenetrarse con el mismo afán con que se dedica a los asuntos estatales su regia amante.

Todos los días Catalina se levanta a las cinco de la mañana y suele trabajar quince horas diarias. Solamente después de cesar su jornada de soberana, ya en horas avanzadas de la noche y antes de caer en un profundo sueño, dispone de un breve momento para gozar ávida y precipitadamente de la simple felicidad femenina. Por eso se siente continuamente culpable ante el hombre amado y, tratando de remendar su culpa, aunque sea parcialmente, le hace regalos fantásticos, lo cubre de brillantes de pies a cabeza y lo colma de títulos. Pero Orlov no se siente satisfecho. No es vanidoso ni egoísta, sino, al contrario, sencillo y generoso. Mientras Catalina no era más que esposa del heredero del trono, Orlov era conforme con su papel de amante secreto. Entonces él y Catalina eran iguales y Orlov se sentía feliz arriesgando su vida por ella. Pero apenas Catalina ha ceñido la corona, todo ha cambiado. Los amantes pelean con frecuencia y es Orlov quien siempre provoca la riña.

—¿Qué te pasa, mi águila? —le pregunta Catalina en la intimidad de su alcoba.

Orlov masculla algo ininteligible, pero la emperatriz no se rinde. Sus delicadas manos acarician los rizos dorados del favorito, sus fornidos hombros y su musculoso torso de atleta que, a pesar de los años transcurridos, no muestra el menor atisbo de grasa. Quiere estrecharlo entre sus brazos, pero él se desprende irritado.

—No tengo tiempo para sufrir —susurra Catalina cariñosamente—. Apenas tengo tiempo para ser feliz... una hora escasa cada día, pero tú, mi águila, no quieres concedérmela. ¿Qué sucede?

—Quiero que seas mía —contesta Orlov sordamente.

—¿Acaso no lo soy desde hace casi diez años? ¿Acaso te he sido infiel alguna vez? Desde que estamos juntos ni siquiera miro a otros hombres.

—Pero, ¿quién soy para su majestad imperial? ¿Una cortesana de sexo masculino? —los finos labios de Orlov se extienden en una risa sarcástica.

—Eres mi amado, el señor de mi alma y el padre de mi hijo. ¿Qué otra cosa quieres?

—Quiero ser tu esposo legítimo ante los hombres y el mismo Dios.

Catalina se incorpora de golpe. Formalizar sus relaciones con Orlov y reconocerlo públicamente como su consorte significaría una infracción total contra las normas dinásticas. La ley es la ley y una emperatriz no puede casarse con ninguno de sus súbditos. Rusia y todo su pueblo no le perdonarían semejante matrimonio. Catalina trata de explicarlo a su favorito pero se siente demasiado agotada por su larga jornada de soberana y pronto queda dormida.

Semejantes escenas se repiten día tras día. Orlov se vuelve cada vez más iracundo e impaciente y se apacigua tan sólo en aquellas raras ocasiones cuando la emperatriz encuentra unas horas libres para visitar junto a él una hermosa mansión perteneciente a Vasili Shkurin, en otros tiempos chambelán de Catalina y ahora tutor oficial del pequeño conde Alexei Bóbrinski. El niño, próximo a cumplir diez años, se parece más y más a su padre y llena el corazón de su regia madre con una exorbitante ternura, que es incapaz de sentir por Pablo, su heredero legítimo.

Durante estas breves visitas la pareja se olvida de todas sus discordias. Aunque el pequeño Alexei ama a Vasili Shkurin y a su esposa como a sus padres y llama hermanas a sus tres hijas, las visitas de Catalina y Orlov parecen transportarlo a un cuento mágico. Mientras Orlov juega con su hijo a las canicas o con unas espadas de madera, Catalina disfruta de su papel de esposa y madre.

—¿Ya leíste aquel libro de cuentos mágicos que te traje la vez pasada? —pregunta la emperatriz cuando Alexei, cansado tras los ruidosos juegos con su padre, se sienta junto a ella.

—Hace tiempo. Me encanta leer, pero la próxima vez no me traigas cuentos, sino mejor algún libro sobre descubrimientos. ¡Cuando crezca seré un gran viajero y explorador!

Catalina siente unas lágrimas indiscretas agolpándose en sus ojos. ¡Qué maravilloso es este niño tan espontáneo y lleno de vida! ¡Qué contraste con el taciturno y enfermizo príncipe Pablo! Orlov parece adivinar los pensamientos de su regia amante, y cuando los dos regresan al palacio se atreve a insinuarle:

—¿Acaso nuestro hijo no es maravilloso? Creo que Rusia merece un zar como él.

—¿Qué dices? —exclama Catalina asustada.

—Te digo que debes casarte conmigo, desheredar a Pablo y proclamar a Alexei tu heredero oficial.

—¡Estás loco!

—Loca serás tú si no haces lo que te digo. Afirmas que amas a Rusia, pero no te creo. Pablo será el peor de los tiranos y tú quieres imponer al pueblo semejante soberano.

Catalina suspira con tristeza reconociendo que el favorito tiene toda la razón. Aunque sabe que el desdichado Pedro iii no es el padre del príncipe Pablo, por obscuras y desconcertantes razones, año tras año, Pablo se parece más y más a su efímero esposo. ¿Cómo explicar la extraña semejanza de carácter entre los dos? ¿Cómo explicar el hecho de que Pablo, igual que Pedro, sea tan desconfiado, pusilánime y fanfarrón? ¿Cómo explicar la casi enfermiza pasión del príncipe heredero por los insípidos ejercicios militares? ¿Por qué Pablo, nacido en Rusia y educado en el amor a su país, desprecia y se mofa de todo lo ruso? ¿Por qué admira al rey Federico y a las costumbres prusianas? Catalina no es supersticiosa, pero a veces se siente próxima a creer que el espíritu vengativo de su esposo se ha apoderado, a despecho de todas las leyes de herencia, del cuerpo de este muchacho para lanzarle a ella un último desafío...

—¿Acaso quieres que Pablo convierta a Rusia en una provincia de su adorada Prusia?— perturba los pensamientos de la emperatriz la voz de Orlov—. Por suerte, tienes otro hijo pero si no te casas conmigo Alexei no será más que un bastardo.

Catalina entiende que su favorito tiene toda la razón, aunque no se atreve a violar las reglas. Entonces, Orlov acude a medidas extremas: comienza a engañarla con las damas de la corte y ni siquiera trata de ocultar sus numerosas aventuras. Catalina finge no notar nada pero su paciencia se agota cuando sorprende a Orlov en el lecho de su mejor amiga, la princesa Praskovia Brus.

—¿Cómo te atreves? —exclama la emperatriz fuera de sí.

Propina a Orlov una sonora bofetada, mas el favorito no se azora:

—¿Por que me exiges fidelidad? ¿Acaso soy tu esposo legítimo? Tan sólo si me dejas nombrarte mi esposa ante todo el mundo te seré fiel por el resto de mis días...

Catalina llora.

—No trates de enternecerme con tus lágrimas —dice Orlov bruscamente—. No quiero sufrir por el resto de mis días por culpa de una mujer ingrata. Soy un hombre como todos, quiero tener una familia, un hogar y unos hijos a los que pueda dar mi apellido.

—¿Eso es lo que quieres? —pregunta Catalina con tristeza—. Por desgracia, es lo único que no puedo darte.

En 1772 los amantes se separan definitivamente, pero, para gran sorpresa de todos, incluso después de aquella ruptura la emperatriz mantiene buenas relaciones con su antiguo favorito, y cuando éste se casa con su propia prima Catalina Zinóvieva, una hermosa joven de escasos diecinueve años, envía a los recién casados valiosos regalos. No obstante, la felicidad de la nueva familia no dura mucho. Poco después de la boda, Zinóvieva cae enferma de una grave forma de tuberculosis. La pareja parte inmediatamente para Suiza donde se encuentran los mejores sanatorios para tuberculosos, pero, a pesar de todos los esfuerzos, la joven esposa de Orlov muere. El desconsolado viudo la sobrevive tan sólo unos pocos meses y es enterrado a su lado en la catedral de Lausana, a orillas del lago de Ginebra.

Catalina siente que gran parte de su corazón también ha muerto y, tratando de superar aquella pérdida se entrega aún más afanosamente a sus obligaciones de soberana. Su hijo Pablo ha cumplido diecinueve años y Catalina decide encontrarle una buena esposa. La elegida es Guillermina de Darmstadt, princesa alemana, quien después de su conversión a la fe ortodoxa recibe el nombre de Natalia. Durante los festejos nupciales Catalina recuerda el día que llegó de Alemania, tan pobre y joven como la princesa Natalia, para casarse con el heredero del trono ruso. La emperatriz ya no piensa en convertir a Pablo en un soberano ideal, pero en el fondo acaricia la esperanza de que su nuera, esta pequeña alemana tan parecida a la joven princesa Fiké, pueda convertirse en su digna heredera.

En medio de esa fiesta soberbia, Catalina se entera de que en las estepas al borde del Ural ha aparecido un hombre que se hace llamar Pedro III, milagrosamente resucitado. Las autoridades locales resultan impotentes contra sus bandas armadas mientras las filas de sus partidarios crecen de manera alarmante. Catalina no cree en fantasmas y no tiene duda de que aquel hombre no es más que un charlatán. Pero las masas populares del Ural y del bajo Volga, esa crédula y supersticiosa multitud de campesinos analfabetos, cosacos, desertores y criminales fugitivos, juzgan sinceramente que Pedro III ha escapado a sus asesinos y ha reaparecido para castigar a su esposa infiel. El hombre que se hace llamar Pedro III es un simple impostor, pero tras él se perfila una auténtica revolución. Los cosacos del Don, despojados de sus antiguas libertades; los cismáticos, aquellos enemigos mortales de la iglesia oficial; los soldados que escapan del reclutamiento forzado; los siervos atormentados por sus amos; los bashkirios, los calmucos, los kirgisos y otras tribus asiáticas que sienten despertar en ellos sus antiguos instintos de guerreros nómadas, todas ellas se movilizan y en un abrir y cerrar de ojos se apoderan de un territorio enorme. El pueblo que Catalina nombra con tanta frecuencia en sus manifiestos y al que tiene prácticamente olvidado en el curso de sus grandiosos proyectos no ha sufrido nunca más que ahora. Es el pueblo el que paga todas las gigantescas y magníficas empresas de la corona: los impuestos se elevan, las contribuciones aumentan y la intolerancia se intensifica.

¿Por qué sucede todo esto? ¿Acaso Catalina no se ha preocupado más del pueblo que todos los soberanos anteriores en conjunto? ¿Acaso su famoso *Precepto* no es la recopilación de las ideas más nobles de la época, cuyo objetivo principal es alcanzar la felicidad del género humano? Realmente lo es, pues los diputados de todos los departamentos del Imperio han derramado lágrimas de emoción sobre sus páginas, pero, como siempre, han perorado mucho y decidido poco. La distancia entre las buenas intenciones de Catalina y el verdadero hombre del pueblo es enorme y, además, llena de obstáculos: los intereses de los oligarcas, la corrupción y la codicia de los funcionarios, la lentitud burocrática, la ignorancia de los jueces, la hipocresía del clero... Mientras Catalina lucha desesperadamente contra aquellos vicios, un simple cosaco que conoce a la perfección la región del Ural y el estado de ánimo de sus habitantes se aprovecha de la situación y pretende ocupar el trono.

Su nombre verdadero es Emiliano Pugachov y no es más que un sencillo cosaco castigado varias veces por deserción. Dice que no pretende aspirar al poder para sí mismo, sino para su "amado hijo Pablo"; a menudo se le ve besar el retrato del príncipe heredero con lágrimas en los ojos. Es pura farsa, pero su odio contra el abuso del poder y su amor por los oprimidos es sincero. El pueblo lo sigue con entusiasmo y en el verano de 1774 el ejército de los rebeldes amenaza a Moscú, el mismo corazón de Rusia. Pero, como suele suceder en tales ocasiones, el robo, el asesinato, todo lo malo se convierte en una finalidad de aquel desenfreno popular. En todas partes aparecen bandas de auténticos delincuentes que, sin tener la menor relación con Pugachov, saquean e incendian en su nombre, cuelgan a los nobles de los árboles, raptan a las mujeres y dejan a su paso ruinas, ceniza y desolación.

En respuesta a aquel caos, Catalina moviliza a la nobleza rusa, que pone a su disposición todo cuanto puede: soldados, dinero, armas y alimentos. El hambre se convierte en un importante aliado de la emperatriz: las tierras ocupadas por los rebeldes, desoladas y sin cultivar, no les proporcionan nada. La población que simpatiza con los sublevados está intimidada por la enérgica actuación de las tropas gubernamentales y al cabo de unos pocos meses la rebelión es aplastada.

Pugachov lucha hasta el fin. Vencido, atraviesa el Volga a nado, con un pequeño grupo de partidarios, pero uno de ellos da más valor a los cien mil rublos, el premio ofrecido por Catalina por la cabeza de Pugachov, y lo entrega a las autoridades. Encadenado, en una jaula de hierro, como una fiera peligrosa, el jefe de los rebeldes es transportado a San Petersburgo. Catalina se compromete personalmente a no recurrir a la tortura, lo condena a la horca en vez de al descuartizamiento

y ordena que las represalias contra sus seguidores sean míni-
mas.

Apenas se calma aquella tormenta, un nuevo drama aguarda a la emperatriz en el seno de su propia familia. Natalia, su
joven nuera, no le provoca más que decepciones. A los pocos
meses de casada sostiene amores con el joven conde Andrés
Razumovski, considerado por Pablo como su mejor amigo.
Pablo está completamente ciego de amor por su joven esposa, pero Catalina no tarda en enterarse de las relaciones adúl-
teras de su hija política. No la juzga por su inmoral conducta
ni trata de desenmascararla; lo que realmente entristece a la
emperatriz es el excesivo gusto de Natalia por las intrigas políticas y su falta de deseo por aprender la lengua y las costumbres rusas. Pero por ahora se ve obligada a controlar sus impulsos negativos: Natalia está embarazada y Catalina desea
tener un nieto.

Sin embargo, el parto se convierte en una tragedia y la joven esposa de Pablo muere junto a su hijo. Después del entie-
rro el príncipe se encierra en sus aposentos y se abandona a
su dolor. Por primera vez Catalina en la vida siente verdadera
lástima por su hijo.

—Lee esto y cálmate —dice entregándole un paquete de
cartas—. Aquí tienes la correspondencia entre tu esposa y el
conde Razumovski.

Al leer la primera carta, Pablo sufre un acceso de cólera.

—¡No creo, no creo! —exclama fuera de sí—. ¡Mi amada
esposa, mi mejor amigo! Y el niño... ¿Era mío o de Andrés?
¿Cómo es posible?

Una semana más tarde Catalina, muestra a Pablo el retrato de otra princesa alemana, María de Wuttemberg, sobrina nieta del rey Federico de Prusia. Pablo entiende la insinuación de su madre y parte inmediatamente para Berlín a pedir la mano de la princesa.

La nueva nuera agrada a Catalina más que la anterior, pero tampoco ve en ella a una posible sucesora. La princesa María no posee gran inteligencia ni erudición, pero, al menos, no es propensa a las intrigas políticas ni amorosas. La joven pareja vive en paz y armonía mientras Catalina, agobiada por el peso de su corona y sus innumerables preocupaciones, se siente más solitaria que nunca.

La cimitarra rota

Catalina ya tiene más de cuarenta años, edad provecta para una mujer de su época, pero goza de excelente salud y sigue siendo atractiva. Sus ojos azules preservan el brillo juvenil, su cutis es terso y sonrosado, sus negros cabellos casi no tienen canas y su cuerpo ágil y bien formado presenta marcas apenas visibles de una incipiente opulencia. Su corazón también sigue joven y exige amor. Después de la ruptura con Orlov la emperatriz encuentra un consuelo fugaz en los brazos de un tal Vasílchikov, joven y apuesto oficial de la guardia, pero no es más que un consuelo momentáneo. Lo aleja de la corte en cuanto conoce a Grigori Potiomkin, el segundo gran amor de su vida.

Es un hombre extraño. A diferencia de Orlov, aquel modelo de belleza viril, Potiomkin es todo un cíclope: desmesuradamente alto, fornido y, además, tuerto, pues de joven ha perdido su ojo izquierdo en una riña de borrachos. Suele cubrir la órbita vacía con un parche negro que le otorga una expresión ceñuda e incluso amenazante mientras su ojo derecho posee el centelleante brillo de los de una fiera salvaje. Su rostro tiene forma de pera, sus mandíbulas son más anchas que su enorme frente, su nariz es larga y encorvada y sus manos, rudas y vigorosas, con las uñas mordidas hasta la raíz, son propias más bien de un labrador que de un cortesano. Sólo una mujer con el genio de Catalina es capaz de apreciarlo en su justo valor y descubrir bajo aquella tosca apariencia una mente brillante.

Potiomkin es un genio; una personalidad formidable aunque contradictoria y extraña. De niño, no habla hasta los seis años. A los diez, proclama que será arzobispo o ministro. A los dieciséis, entra a estudiar teología en la recién inaugurada Universidad de Moscú, se convierte en el mejor de su curso, y como tal es presentado a la emperatriz Isabel. A los dieciocho, es expulsado por continua ausencia de los cursos y decide hacerse monje, pero pronto se cansa de la vida monacal e ingresa al servicio militar. Su ambición es inmensa, pero inconstante y sin cálculo; le posee como una embriaguez, le llena de pasión, de impulsos y de ideas grandiosas, mas siempre necesita a su lado a alguien más cuerdo y mesurado para dirigir aquella exorbitante energía en una dirección adecuada... a alguien como Catalina.

Se hacen amantes cuando la emperatriz tiene cuarenta y cuatro años y Potiomkin, treinta y cinco pero esa diferencia de edades se borra ante la fuerza de la pasión que los une. Potiomkin escribe versos para ella, una mezcla de énfasis oriental y de simplicidad popular; a solas con la emperatriz, es elocuente como un enciclopedista francés y salvaje como un guerrero de las estepas asiáticas. La adora como a una diosa, la acaricia con una ternura infatigable y la colma de delicadas atenciones. En pleno invierno le regala cestos de rosas de Italia y de fresas maduras; le ofrece peces de la embocadura del río Amur, perfumes de la India, alfombras de Persia y racimos de uvas raras de Crimea.

Catalina también lo ama. Cuando no está a su lado, le envía numerosas cartas en las cuales lo llama "príncipe de mi alma", "señor de mi vida" e incluso "mi amado esposo". Y esto no son sólo palabras. El amor de la emperatriz es tan grande que en enero de 1775 ella y Potiomkin se casan en una ceremonia ortodoxa, pero, para no provocar disturbios, mantienen su boda en secreto. Tratando de complacer a Potiomkin, la emperatriz, a pesar de su avanzada edad, decide darle un hijo. En diciembre de 1775 da a luz una niña, de nombre Isabel y de apellido Tiómkina (caso común en Rusia, donde los hijos naturales, reconocidos por sus padres solían recibir el apellido abreviado de su progenitor). Pese a los temores de algunas damas de la corte, Catalina se recupera con una rapidez asombrosa.

—Aunque Isabel no tiene derechos al trono, no quiero dejarla completamente desheredada —dice Catalina contemplando amorosamente a la niña dormida en su cuna, que tendrá los mismos ojos azules de su madre.

—Conquistaré la dote para nuestra hija con mi propia espada —sonríe Potiomkin—. Cuando crezca, le obsequiaremos unas tierras en el sur, pero aún nos queda mucho por hacer.

Catalina no responde. La emperatriz y el favorito se entienden sin necesidad de hablar; sus pensamientos siguen el mismo cause. La situación en los límites meridionales del país sigue complicada. El Imperio Otomano, ese enemigo jurado de todo el mundo cristiano, sigue instigando contra los rusos a su fiel vasallo Kanato de Crimea, aquel último trozo de la otrora poderosa Horda de Oro que aún permanece clavado en el cuerpo de Europa cual implacable flecha tártara. En 1770 la flota rusa navegó desde el Báltico, atravesó el estrecho de Gibraltar y obtuvo en Cesme una formidable victoria naval sobre la poderosa armada turca, lo que hizo al sultán Mustafá III menos orgulloso y más condescendiente. En 1774 los dos imperios firman la paz en Kuchuk-Kainardsche, en condiciones sumamente favorables para los rusos y humillantes para los otomanos. Sin embargo, Mustafá III presiente que la sultana Catalina y su tuerto visir no se contentarán con aquel éxito.

Realmente, Potiomkin está obsesionado por un grandioso plan, digno de un Alejandro o de un César: derrotar a los otomanos, anexar Crimea, conquistar Constantinopla, reinar sobre el mar Negro y crear un nuevo Imperio Bizantino bajo la soberanía rusa. Catalina lo apoya en todo y en el verano de 1776 manda a varios buques de la armada rusa a los Dardanelos. Es una provocación abierta a Turquía; tras un cambio de notas bastante fuertes, se llega a un convenio según el cual Estambul concede a Rusia el libre paso de todos sus barcos al Egeo. Es una victoria sin efusión de sangre, pero para Catalina y Potiomkin resulta insuficiente. Los dos desean la guerra. Pocas semanas después de la conciliación del pacto inician unas negociaciones secretas con Austria. María Teresa, la vieja emperatriz, languidece y su joven hijo y heredero José II no tiene ningún inconveniente en desmembrar Turquía, enemigo hereditario de los Habsburgos. No tardan en encontrar una fórmula conveniente: el emperador de Austria reconoce la soberanía rusa sobre Crimea, las islas del Egeo y la misma Constantinopla, a cambio del control sobre Serbia, Bosnia y Herzegovina. Además, Shan-Guirey, el kan de Crimea, cansado de sus interminables roces con Estambul, pide abiertamente la protección rusa.

El pacto de Kuchuk-Kainardsche ha declarado la independencia de Crimea del Imperio Otomano; es una repetición de la jugada de Catalina en Polonia. El kan "independiente" es nada más que un títere bajo la tutela de Rusia. Hombre instruido y educado en las mejores tradiciones de Occidente, Shan-Guirey arde en deseos de arrancar a sus súbditos de la oscuridad sofocada de las yurtas, mostrarles todos los logros de la civilización europea y convertirse en el "Pedro el Grande de Crimea". No obstante, todas sus reformas chocan contra el salvajismo del pueblo, su falta de deseo por aprender algo de los "infieles" y las protestas por parte del clero musulmán, que no se cansa de instigar a los feligreses a acabar con el renegado de Shan-Guirey y colocar en su lugar a un nuevo soberano, "devoto y fiel al legado de sus ancestros". Cualquier otro kan sofocaría la revuelta a sangre y fuego, pero Shan-Guirey, a pesar de descender del mismo Gengis Kan, no es capaz de hacerlo: las ideas de la Ilustración arrancaron de su alma los últimos restos de la barbaridad tártara. Por fin, temiendo por su vida, se declara dispuesto a entregar sus dominios a Catalina afirmando que "es cien veces mejor ser un simple súbdito de una soberana civilizada que un soberano en un país bárbaro". Catalina acepta plácidamente aquella abdicación, concede al último kan tártaro una renta

anual de cien mil rublos y manda a Crimea sus tropas co-
mandadas por Potiomkin. ¡Ha llegado la hora estelar del favorito!

Durante casi mil años sufrieron los rusos las sangrientas
incursiones de las hordas nómadas y ahora las estepas de
Crimea, la última heredera de la Horda de Oro, se extiende
con sumisión bajo los cascos de la caballería rusa. La última
flecha tártara es arrancada del cuerpo de Rusia, pero Potiomkin se siente decepcionado. ¿Dónde está la legendaria Táurida
de los mitos clásicos, aquel inagotable granero del mundo gre-
corromano? ¿Dónde sus prósperas ciudades, sus fuentes de
mármol llenas de agua fresca, sus frondosos viñedos, sus fabu-
losos jardines, sus bosques de cipreses sagrados, sus templos
de majestuosas columnas, en uno de los cuales sirvió como
sacerdotisa la legendaria Ifigenia, hija del gran Agamenón?
Todas estas preguntas nacen en el alma de Potiomkin, pero
su único ojo no ve nada salvo la polvorienta estepa con sus
ásperas hierbas, flamantes amapolas, violetas azules, pequeños lagos salados, siniestras siluetas de buitres en el despeja-
do cielo y pequeños rebaños de ovejas y camellos.

Pronto el ejército entra en Bajchisaray, antigua capital del
kanato, cuyo nombre significa en tártaro "el palacio en el
jardín". Pero aquel nombre poético resulta poco conveniente
para un montón de tugurios semidestruidos, hediondos estercoleros y calles tan estrechas que las cureñas de los cañones
rusos se atascan. Los habitantes de este infierno —hombres
de barbas sucias y cabezas rapadas, mujeres con velos negros
en la cara, niños desnudos y quemados por el sol— miran a

hurtadillas a los nuevos dueños de esta tierra y en el fondo de sus ojos oscuros se lee un miedo casi bestial. La venganza promete ser horrible, pues es imposible calcular cuántos rusos en otros tiempos han sido pisoteados por los caballos tártaros, atravesados por sus temibles flechas, arrastrados tras sus veloces caballos para luego ser vendidos como esclavos en los emporios de Estambul.

Sin embargo, Potiomkin prohíbe a sus soldados acudir a la violencia:

—Toda esta gentuza no tiene nada que ver con los sufrimientos de nuestros antepasados. Los auténticos culpables, kans y mirzas, han huido al otro lado del mar, al amparo de los otomanos. Tarde o temprano les daremos su merecido.

En el palacio del kan reinan la devastación y el abandono. Nada queda de su antiguo esplendor; hasta las puertas han sido arrancadas de sus bisagras. En el serrallo no hay ni rastro de seductoras huríes y sólo un ligero aroma de perfumes exóticos aún flota en el aire. En el suelo de una de las habitaciones yace una cimitarra de filo roto, seguramente olvidada por algún guardia. Potiomkin contempla distraídamente aquel símbolo del poder tártaro irremediablemente perdido, pero la súbita aparición de uno de los oficiales de su escolta interrumpe sus pensamientos.

—Mi general, los soldados encontraron algo curioso mientras cavaban las trincheras para el vivaque...

Cuando Potiomkim llega al lugar, las palas de los soldados acaban de extraer a la luz del día una estatua de mármol de una mujer completamente desnuda. A pesar de la ausencia de brazos, es tan bella que hasta el más ignorante y rudo de los soldados queda estupefacto.

—Hay que enviarla inmediatamente a San Petersburgo. La emperatriz le encontrará un digno lugar en su Hermitage. Se llamará la Venus de la Táurida. No se sabe cuánta riqueza del pasado guardan estas tierras; tal vez bajo los estercoleros tártaros yace toda una Pompeya —dice apasionado.

—Pero no es más que el pasado —suspira el oficial—. Los tártaros no dejaron piedra sobre piedra de toda aquella belleza...

—No importa. Estamos aquí para levantarla de las ruinas —lo interrumpe el favorito—. Prometí a nuestra madrecita Catalina poner a sus pies la floreciente Táurida y no una estepa salvaje. ¡Cumpliré mi palabra, cueste lo que cueste!

—Pero los tártaros no están acostumbrados a trabajar...

—Entonces hay que enseñarlos. Además, pronto llegarán colonos de Rusia y tal vez de otros países. ¡Manos a la obra, muchachos! La "Nueva Rusia" está por nacer.

La "Nueva Rusia" es un proyecto grandioso: toda una serie de prósperas villas y ciudades recién fundadas en las tierras arrebatadas a los otomanos. Potiomkin trabaja día y noche fundando en la desembocadura del Dniéper la fortaleza de Jersón; creando en la bahía de Ajtiar, cuyo nombre es cambiado por Sebastopol, "ciudad de la gloria", una poderosa base naval; inspeccionando la construcción de navíos comerciales que animarán el otrora somnoliento mar Negro. Además, encarga en los invernaderos de San Petersburgo las semillas de las mejores frutas y legumbres; importa gusanos de seda desde China, olivos desde España y lleva a los mejores viñadores de Italia; planta viñedos y bosques; construye doce grandes fábricas y acomete otros grandiosos proyectos. Funda una ciudad que está destinada a convertirse en la metrópoli meridional del Imperio, cuyo nombre es muy simbólico: Yekaterinoslav, "gloria de Catalina".

A veces, Potiomkin parte a toda prisa para pasar algunos días en San Petersburgo al lado de su amada emperatriz, y contarle sobre las maravillas de un mundo de ensueño que, como en las leyendas orientales, ha nacido de la nada en una sola noche. Catalina le cree en todo; parece tener ante sus ojos una hermosa ciudad con el majestuoso palacio del gobernador Potiomkin en el centro, sus calles anchas y ruidosas, sus grandes parques con estatuas y fuentes... El deseo de conocer aquel maravilloso mundo de la "Nueva Rusia" es tan grande que Catalina decide visitarlo inmediatamente.

El viaje comienza en febrero de 1785. Una escolta de 40 mil hombres vela la seguridad del cortejo imperial; el trineo de Catalina es tan grande que parece una pequeña casa y en cada parada la encuentran quinientos caballos de refresco. Enormes hogueras, a poca distancia unas de otras, alumbran el camino durante las gélidas noches de invierno, así que la emperatriz llega a Kiev apenas en catorce días. En mayo, cuando el Dniéper se ve libre del hielo, la emperatriz y su séquito se embarcan en las galeras, auténticos palacios flotantes decorados en su interior con brocados y muselinas; el oro refulge en sus paredes y en los uniformes de la tripulación, y la vajilla, asimismo, es de oro. Durante el día, Catalina permanece en la cubierta y, protegida del sol por un toldo de seda, contempla en ambas orillas del río nuevas ciudades y aldeas adornadas con gigantescos arcos de triunfo e innumerables guirnaldas de flores; los ondulantes campos de trigo y los rebaños paciendo en los prados; los numerosos regimientos haciendo ejercicios y los labradores bailando al son de una música deliciosa. Cuando las galeras anclan en los muelles de aquellas ciudades nuevas, Catalina encuentra palacios recién construidos y grandes parques umbrosos. En Yekaterinoslav, la soberana se encuentra con su alto huésped, el emperador de Austria, José ii; juntos colocan sobre la cúspide de una hermosa colina la primera piedra de una nueva catedral. En Jersón, la entrevista de ambos monarcas atrae a toda una multitud de curiosos: comerciantes armenios, judíos, griegos y tártaros llegan a ofrecer sus mercancías. Los arsenales de Jersón están llenos de cañones, y en el puerto, de buques flamantes, en presencia de la emperatriz, se procede a la botadura de tres navíos. Un paseo en coche conduce a la soberana y a su ilustre huésped al centro del país, y de pronto ven un poste indicador con una inscripción muy simbólica: "Ruta de Bizancio".

Más al sur comienzan las estepas, otrora salvajes y consideradas por los rusos como un auténtico limen del infierno. Pero ahora en pleno desierto se alzan ciudades enteras de suntuosas tiendas que acogen a Catalina con su séquito. Infinitas caravanas de camellos con abundantes cargas desfilan ante los maravillados viajeros, y los tres mil cosacos del Don galopan en sus caballos menudos y ágiles. En la frontera de Táurida, los más selectos representantes de la juventud tártara, vestidos con batas de seda y armados de arcos y flechas, se inclinan ante la soberana y se maravillan con su belleza exótica y su gracia salvaje. Son hijos y nietos de la crema y nata de la antigua nobleza tártara, una nueva generación que lleva la sangre del legendario Gengis Kan en sus venas y las ideas de la Ilustración en su mente, por lo que prefieren servir a la culta emperatriz rusa y no al retrógrada sultán otomano.

A medida que Catalina penetra más y más en el interior de aquel país recién conquistado tiene la sensación de que Europa ha quedado atrás, de que el presente se aleja y la visión toma un aspecto más fantástico, asiático, bizarro y misterioso. Cuando en el horizonte aparecen los frágiles minaretes y las cúpulas azules de las mezquitas de Bajchisaray, Catalina cree entrar en el maravilloso mundo de los cuentos de *Las mil y una noches*. En el antiguo palacio del kan los mimados viajeros encuentran todas las comodidades, pues la firme mano de Potiomkin ha eliminado oportunamente cualquier rastro de abandono y destrucción. Las frescas fuentes brotan en cuencas de mármol, las rosas de todos los colores llenan el aire de su embriagante aroma y varios tártaros robustos aguardan a su nueva soberana con una litera dorada. Al igual que una nueva Semíramis, Cleopatra u otra legendaria reina oriental, Catalina es transportada a la sala principal en los hombros de sus sirvientes y sentada sobre el trono de los grandes kans.

Es el segundo apogeo de su vida. Ha pasado un cuarto de siglo desde que, llevada por el entusiasmo del pueblo, subió al trono ruso hasta que acabó definitivamente con el enemigo jurado de su país, de su adorada Rusia. Por el momento, la felicidad de Catalina es completa y la debe a Potiomkin, quien desde aquel momento recibe el privilegio de agregar a su apellido el glorioso apodo de *Tavrícheski*.

En el ocaso

El reinado de Catalina II es, sin lugar a dudas, la época de máximo esplendor del Imperio Ruso. Además de nuevas empresas económicas y adquisiciones territoriales, el nivel educativo de la nación ha crecido considerablemente. La Academia de Ciencias, obra de Pedro I el Grande, y la Universidad de Moscú, fundada durante el reinado de Isabel, toman un nuevo rumbo en su desarrollo. El concepto de la educación en Rusia, en los tiempos de Catalina, es más progresista que en la mayoría de otros países europeos de la época, pues incluye la educación femenina. Una de las grandes intelectuales rusas y fiel amiga de la emperatriz, la princesa Dáshkova, se convierte en directora de la Academia de Ciencias en 1782 y en presidenta de la Nueva Academia de Letras al año siguiente. La alfabetización y la edición de libros crecen de manera extraordinaria y, con el tiempo, surge toda una generación de fundadores de la moderna literatura rusa, tales como el dramaturgo Denis Fonvizin, el publicista Nikolai Nóvikov, el genial poeta Gavril Derzhavin y el historiador Nikolai Karamzín. La misma Catalina, quien siendo extranjera, escribe en ruso de un modo expresivo, coloquial y sumamente fluido, y es autora de más de treinta obras publicadas, en su mayoría comedias, sátiras y representaciones de la historia rusa.

El teatro de la corte mantiene sus puertas abiertas para todos y es completamente gratis. Se desarrolla un estilo nacional en música; la misma Catalina se lamenta de su falta de oído pero su sentido visual es muy agudo y le ayuda a fundar una colección de pinturas que conforman el núcleo de la exposición del célebre museo del Hermitage, representada por las obras de los más grandes pintores de la época. También florece la escultura: la colosal estatua ecuestre de Pedro i el Grande, el célebre "Caballero de Bronce", se convierte en auténtico símbolo de una Rusia renovada.

Sin embargo, la vida íntima de la emperatriz pasa por una nueva crisis. Potiomkin la atormenta con sus celos. No se resigna a ser tan sólo amante y esposo secreto de Catalina, sino que quiere poseerla enteramente; sostiene una lucha violenta y no siempre noble contra todos sus amigos y consejeros; la menor mirada concedida por Catalina al más insignificante de los jóvenes oficiales de su escolta enfurece al "cíclope" hasta hacerle rebasar todos los límites. En sus ataques de cólera destroza lo primero que encuentra, lanza al rostro de Catalina los peores insultos y en mitad de las discusiones sale dando portazos. Al principio, Catalina se desespera, envía a su iracundo amante innumerables notas y le jura que no ama a nadie sino a él y que lo amará por el resto de sus días. Pero Potiomkin es rencoroso. Hace esperar a su regia amante durante días y días, y cuando ésta se dirige a sus aposentos encuentra su puerta cerrada. Además, Potiomkin no deja de probar la paciencia de Catalina con sus numerosas aventuras amorosas, incluso con sus propias sobrinas. Sin poder aguantar más, Catalina lo expulsa de su lecho, pero no de su corazón. Potiomkin recibe aquel golpe estoicamente porque sabe que en el fondo la emperatriz sigue amándolo. Aunque otros posean su cuerpo; él y sólo él reinará en sus sueños.

Desde entonces Catalina vive una serie de aventuras amorosas con hombres cada vez más jóvenes, lo que escandaliza a Europa y le otorga la reputación fatal de nueva Mesalina. Pero detrás de esto no hay más que el dolor y la desesperación de una mujer que ya se aproxima al ocaso de su vida. No le gusta inspirar lástima, por lo que prefiere pasar a los ojos de todo el mundo como una mujer ligera que, cansada de un amante, lo sustituye inmediatamente por otro más joven. Con tal conducta quiere engañarse a sí misma tal como engaña al mundo, pero no lo consigue. Según su propio testimonio, sus romances no le traen más que dolor y decepción.

El 6 de octubre de 1791, a la edad de cincuenta y dos años, muere Potiomkin, víctima de una extraña enfermedad. Enviado a la pequeña ciudad de Yassi en Moldavia para nuevas negociaciones con Turquía, el hombre más poderoso de Rusia fallece en el camino, acostado en un abrigo tendido sobre el polvoriento suelo de la estepa, sin médico ni sacerdote a su lado. Al enterarse de su muerte, Catalina se desmaya, algo que no le ha sucedido jamás.

—¿Cómo subsistir a un hombre así? —dice en respuesta a los consuelos de sus amigos—. Puedo tener muchos amantes, pero un amigo como él jamás.

A pesar de sus más de sesenta años, Catalina aún conserva cierto encanto. Aunque su opulencia aumenta cada vez más, sus voluminosas caderas pesan sobre sus delicados tobillos y los hinchan descomunalmente, y su andar, otrora ligero y airoso, se vuelve pesado y lento, su rostro conserva las huellas de su gran belleza de antaño y cuando sonríe sus ojos azules brillan con el mismo fulgor juvenil. Su mentón sigue siendo enérgico y firme, pero su boca, antes seductora, adquiere una extrema delgadez.

Amante frustrada, Catalina tampoco es feliz en su maternidad. Su alejamiento de Pablo es cada vez más grande, pues tienen personalidades demasiado distintas; su nuera María es nada más que una mujer torpe y mediocre, con hábitos de simple ama de casa. El único consuelo de la vieja emperatriz son sus nietos, sobre todo el mayor, nacido en 1777. Pablo quiere bautizar a su primogénito con el nombre de Pedro, pero Catalina se opone decididamente:

—La repetición de los mismos nombres de generación en generación es un mal augurio. Mejor lo llamaremos Alejandro en honor del gran Alejandro de Macedonia y del santo príncipe Alejandro Nevski.

El pequeño Alejandro se apodera del corazón de su regia abuela. A diferencia de Isabel, Catalina no pretende arrebatar el niño de sus padres ni privar a su nuera de las alegrías de la maternidad, pero ordena que se lo lleven cada día durante varias horas. Aunque lo ama apasionadamente, no quiere repetir aquellos errores que ha cometido Isabel en la educación de Pablo, por lo que no lo sobreprotege ni limita su libertad.

Ella misma le confecciona trajes ligeros y cómodos para correr y saltar, le permite, desde la primavera hasta las primeras heladas, andar descalzo como hijo de cualquier campesino y acoger en sus aposentos a cualquier cachorro abandonado o pájaro de ala rota. Cada verano lleva al niño a su casa de campo en Oranienbaum, donde abuela y nieto cabalgan estribo con estribo por el bosque o pescan desde una chalupa en el golfo de Finlandia. Poco a poco, Alejandro concentra en Catalina todo su amor filial y se aleja totalmente de sus padres. La emperatriz hace caso omiso a las protestas de su hijo y a las lágrimas de su nuera; sigue educando a Alejandro a su manera porque ve en él a su verdadero heredero.

Posteriormente nacen otros dos varones, Constantino y Nicolás, y seis mujeres. Catalina ama apasionadamente a todos sus nietos y nietas, comparte sus juegos, les enseña a leer, escribe para ellos cuentos y fábulas. Madre poco cuidadosa, se convierte en una abuela ejemplar, pero su predilecto sigue siendo Alejandro.

—Quiero que seas emperador —le dice una soleada tarde de verano cuando los dos pasean por el parque de Oranienbaum a la sombra de seculares robles y pinos.

—Por supuesto, algún día lo seré —contesta Alejandro sonriendo. El muchacho tiene los mismos ojos azules que su abuela y se parece más a ella que a cualquiera de sus padres.

—No me has entendido bien. Quiero que subas al trono en cuanto yo muera.

—¿Y mi padre? —se sorprende Alejandro—. ¿Acaso no es tu heredero oficial?

—Como madre, tengo que ser indulgente con los errores de Pablo, pero como soberana no quiero que el pueblo ruso sufra bajo su tiranía.

Una ardilla baja precipitadamente por el grueso tronco de un pino sin mostrar ni sombra de miedo ante la emperatriz y su nieto. Catalina le tiende la mano con un puñado de nueces mientras Alejandro admira en silencio los graciosos movimientos del animalito.

—¿Te sientes dispuesto a asumir la responsabilidad de reinar sobre el imperio más grande del mundo? —pregunta la emperatriz cuando la ardilla satisfecha regresa a su refugio en la cima del árbol.

—Aún no —confiesa Alejandro—. Pero tú vivirás muchos años más y me enseñarás a gobernar como es debido.

Catalina le responde con una sonrisa amorosa y algo triste. Sí, aún goza de buena salud y tiene muchos remedios para combatir la vejez, el más importante de los cuales es su duro trabajo de cada día. Pero nadie es eterno en este mundo y tarde o temprano tendrá que confiar a alguien aquella grandiosa obra de toda su vida cuyo nombre es Rusia.

Epílogo

Catalina murió el 6 de noviembre de 1796, a la edad de sesenta y seis años, a causa de un súbito ataque cardiaco y sin dejar ningún testamento oficial, así que Pablo, tras largos años de espera pudo acceder a la corona.

En cuanto a los otros hijos de Catalina, ninguno de ellos dejó un rastro notable en la historia. El conde Alexei Bóbrinski, erudito e investigador, pasó la mayor parte de su vida en numerosos viajes por Europa y Asia y se mantuvo lejos de la política. Isabel Tiómkina recibió, según el testamento de su ilustre padre, varias villas en la "Nueva Rusia", y se convirtió en una próspera granjera, esposa ejemplar y madre de una numerosa prole.

El nuevo emperador Pablo I hizo todo lo posible para borrar de la memoria del pueblo los hechos gloriosos de su antecesora, no tenía para su madre otros epítetos más que "usurpadora" y "conyugicida" y en una ocasión incluso comentó que agradecía a la Providencia por haberlo librado de la necesidad de seguir el ejemplo de Nerón. El estilo de su gobierno era completamente opuesto al de su madre: elaboró su propio modelo orgánico y autoritario de una sociedad estrictamente ordenada, pero su carácter, irascible y caprichoso, malograba los aspectos positivos de su visión de estadista. La militarización de la sociedad, la estricta censura de prensa, las restricciones de viajes al extranjero y otras limitaciones a la sociedad fueron momentos claves de la sombría época de Pablo. En una oportunidad, Catalina le había explicado que si planeaba gobernar a base de fuerza y terror y sofocar las ideas peligrosas de sus súbditos con el fuego de las armas su reinado habría de ser corto, pero Pablo ignoró por completo los consejos de su madre y pagó por su terquedad un precio sumamente caro. Los desfavorecidos aristócratas de la corte tramaban contra el odioso emperador una conspiración tras otra por lo que una de las primeras acciones de Pablo fue ordenar a Bazhénov, uno de los mejores arquitectos de Rusia, la construcción del grandioso castillo de San Miguel. Ansioso por ponerse a salvo de sus numerosos enemigos se trasladó a aquel bastión, pero sus sólidos muros no lo salvaron de lo inevitable.

En marzo de 1801 varios enemigos de Pablo i penetraron en su escondite y allí, en la oscura y fría humedad de un ambiente digno de una película de terror, estrangularon al desdichado emperador en su propia cama. El príncipe Alejandro, a pesar de haber sido prevenido del derrocamiento de su padre, no estaba preparado para el asesinato pero ya no tenía elección al oír lo siguiente: "Nada de lloriqueos; ahora ven y gobierna".

Alejandro i, de veinticuatro años, primer soberano ruso del nuevo siglo xix, erigió en nombre de su abuela un grandioso monumento en cuyo pedestal mandó a grabar las palabras: "La madre de la patria", y en su primer manifiesto oficial juró con solemnidad que gobernaría según el legado de

Catalina II la Grande, quien para entonces se había convertido en la gran leyenda de Rusia.

Epitafio para la tumba de Catalina escrito por la misma Ca-
talina a la edad de sesenta años

> *Aquí yace Catalina II, nacida en Stettin, Pomerania, el 29 de*
> *abril de 1729. Vino a Rusia en 1744 para contraer matrimonio*
> *con Pedro III. A los catorce años tomó la triple resolución de com-*
> *placer a su esposo, a la emperatriz Isabel y al pueblo. Hizo cuanto*
> *pudo por conseguirlo. Dieciocho años de soledad y de tedio la*
> *llevaron a leer y reflexionar mucho. Cuando subió al trono de*
> *Rusia trató de hacer a sus súbditos felices, libres y prósperos. Per-*
> *donó fácilmente y no odió a nadie. Era de carácter indulgente,*
> *ligero y alegre y abrigaba sinceras convicciones republicanas. Tuvo*
> *amigos. El trabajo le fue fácil. Amó la sociedad y las artes.*

Cronología

21 de abril de 1729: Nacimiento de Sofía Augusta Federica, futura Catalina II la Grande, en Stettin, Pomerania, hija de Cristian Augusto, duque de Anhalt-Zerbst y de su esposa Iohanna.

1741: Isabel, hija de Pedro I el Grande, se convierte en emperatriz de Rusia.

1744: Llegada de Catalina a Rusia, y compromiso con Pedro, sobrino de Isabel.

1745: Boda de Catalina y Pedro.

20 de noviembre de 1754: Nacimiento de Pablo, primogénito de Catalina.

1 de mayo de 1757: Comienza la guerra entre Rusia y Prusia.

9 de diciembre de 1758: Nacimiento de Ana, la segunda hija de Catalina, fallecida poco después.

25 de diciembre de 1761: Muerte de Isabel.

26 de enero de 1762: Pedro III se proclama nuevo emperador de Rusia y firma la paz con Prusia.

11 de abril de 1762: Nacimiento de Alexei Bóbrinski, hijo de Catalina y de Grigori Orlov.

27 de junio de 1762: Golpe de Estado inspirado por Catalina con el apoyo de los hermanos Orlov y derrocamiento de Pedro III.

6 de julio de 1762: Muerte de Pedro III.

22 de septiembre de 1762: Coronación de Catalina II en Moscú.

2 de octubre de 1762: Publicación del *Manifiesto contra la corruptibilidad de los empleados públicos y el tráfico de las magistraturas*.

1 de enero de 1763: Anexión de Curlandia.

3 de marzo de 1764: Alianza defensiva entre Rusia y Prusia.

16 de agosto de 1764: Coronación en Varsovia de Estanislao Poniatowski: Protectorado ruso sobre Polonia.

1764-1765: Viaje de Catalina por las provincias del Báltico.

1765: Fundación de la Libre Sociedad Económica Rusa.

1766: Viaje de Catalina y Grigori Orlov por las provincias del Volga.

1767: Publicación del *Precepto*, obra fundamental de Catalina sobre los deberes y obligaciones del monarca ante la sociedad.

25 de septiembre de 1768: Primera guerra entre Rusia y Turquía.

24-26 de junio de 1770: Victoria rusa sobre la armada turca en la batalla naval de Cesme.

1772: Ruptura entre Catalina y Grigori Orlov.

1773-1775: Rebelión de Emiliano Pugachov.

1774: Tratado de paz de Kuchuk-Kainardsche entre Rusia y Turquía.

1775: Boda secreta de Catalina y Grigori Potiomkin y nacimiento de Isabel Tiómkina, última hija de Catalina.

1776: La armada rusa se apodera del paso de los Dardanelos.

1777: Nacimiento de Alejandro, primer nieto de Catalina.

1782: Fundación de la Nueva Academia de Letras.

1783: Anexión de Crimea y protectorado ruso sobre Georgia.

1785: Viaje de Catalina por las provincias meridionales de Rusia.

1787-1792: Segunda guerra contra Turquía; victorias rusas en Ochákov e Izmaíl.

6 de octubre de 1791: Muerte de Potiomkin.

1792: Tratado de paz de Yassy y reconocimiento oficial por Turquía de la soberanía rusa sobre Crimea y Georgia.

6 de noviembre de 1796: Muerte de Catalina.

Bibliografía

Ediciones en lengua rusa

Badak, A. N., *La ilustración en Rusia,* Editorial Sovremennyi Literator, Minsk, 1999.

Baliazin, Voldemar, *Catalina la Grande,* Editorial Astral, Moscú, 2003.

——, *Isabel,* Editorial Astral, Moscú, 2002.

——, *Las gobernantes de Rusia,* Editorial Astral, Moscú, 2004.

Drach, G. V., *La cultura rusa en el siglo* XVIII, Editorial Fénix, Rostov-na-Donu, 2000.

Hachaturian, V. M., *El desarrollo económico y social de Rusia en el siglo* XVIII Editorial Drofa, Moscú, 1997.

——, *Los caminos triunfales del capitalismo: Europa, Rusia, Norteamérica,* Editorial Drofa, Moscú, 1997.

Ivanov, Vsevold, *La emperatriz Fiké,* Editorial Sovetskaya Rossia, Moscú, 1987.

——, *La noche de Pedro el Grande,* Editorial Sovetskaya Rossia, Moscú, 1986.

Márkova, A. N.; Polar, G. B., *La política exterior rusa en el siglo* XVIII, Editorial United, Moscú, 1997.

Pikul, Valentín, *El favorito. La vida y obra de Grigori Potiomkin-Tawricheski,* Editorial ECSMO, Moscú, 1997.

Zuev, M. N., *Catalina la Grande y el absolutismo ilustra-*
do en Rusia, Editorial Vysshaya, Shkola, Moscú, 1997.

Ediciones en castellano

Diaz-Piaja, Fernando. *Catalina la Grande, la emperatriz*
de todas las Rusias. Ed. Planteta, Barcelona, 2004.

Earl, Alan. *Breve historia de Rusia.* Barcelona, Ed. Plaza
& Janes, 1973.

Kaus, Gina. *Catalina la Grande.* Barcelona, Ed. Juventud, 1936.

Sweigt, Stefan. *Catalina la Grande.* Ed. Debate, Barcelona, 2001.

Troyat, Henry. *Las zarinas, poderosas y depravadas.* Barcelona, Ed. Vergara, 2004.

SUMARIO

Este libro se terminó de imprimir en el mes de abril
del año 2005 en los talleres bogotanos
de Panamericana Formas e Impresos S. A.
En su composición se utilizaron tipos
Sabon, Bodoni Poster y Akzidens Grotesk
de la casa Adobe.